CD付き

フランス語 一歩先ゆく 基本単語

語彙力アップのための58のアプローチ

58 approches pour enrichir votre vocabulaire

塚越敦子

三修社

はじめに

　本書は、フランス語をすでに勉強し始めた方を対象にして作りました。フランス語学習のきっかけは、いろいろです。フランス旅行のため、フランス料理やお菓子への興味から、ワイン好きが高じて、フランスモードに魅せられて……好奇心は、語学を学ぶためにとても重要です。でも、もっと大切なのはその好奇心を持続して、フランス語学習を継続させることです。そのために新たな提案をしたいと考えました。それは、語彙力アップのための辞書へのアプローチです。といっても、いきなり辞書を用意する必要はありません。辞書を引くことによって広がるフランス語の世界をかいま見ていただくことが本書の第一の目標です。

　「フランス語で会話をしてみたい」「フランス語の小説を読んでみたい」と思ったことはありますか？　「入門程度じゃ、それは無理よ」なんて言わないでください。そんなことはありません。重要なのは、語彙力です。ここでいう語彙力とは、修得した単語の量のことではなく、基本単語をしっかり把握する力のことです。フランス語を聞いたり、読んだり、話したりするためにそれほど新しい語彙を増やす必要はありません。フランス人も日常会話で、たくさんの単語を使ったりしません。でも、1つの単語に対して1つの意味しか知らないとしたら、それはフランス語の進歩にはつながりません。例えば、よくご存じのBonjour(ボンジュール)は「こんにちは」という意味ですが、シチュエーションによっては別の意味が生まれます。お店やレストランで店員さんが言えば、「いらっしゃいませ」となります。また、文章のなかで目的語として使われれば、「よろしく」あるいは「あいさつ」と訳されます。Bonjour(ボンジュール)という単語1つとっても4つの意味があるのです。どうですか？ちょっとおもしろいでしょう。入門のときの好奇心の矛先を今度は単語の世界に向けてみませんか？

実は、筆者は入門から次の段階に進むときに、語彙力不足のため、数多くの失敗を重ねています。それからというもの辞書の存在の大切さを痛感しています。語彙力補強には、やはり辞書は必須アイテムです。たとえわかりきった単語でも必ず辞書で確かめています。本書では随所に筆者の具体的な体験談を交えることによって、1つの単語の持つさまざまな意味を身近に感じていただくように工夫しました。必ず、語彙力アップを実感できるはずです。

　慣れ親しんでいる「いつもの単語」に意外な「別の意味」があると知ったとき、その違和感のおかげで「別の意味」を意識するようになります。さらに辞書で確認して、その単語をきちんと自分のものにすれば、本当の意味で「いつもの単語」を使いこなせたといえるでしょう。それは、もう次のステップに進んでいる証拠です。そのお手伝いをするために、本書が少しでも辞書の世界の楽しみ方をお伝えできれば幸いです。

　最後に、本書の刊行にあたり、新井久美子氏をはじめとしてご協力いただきました方々に心より感謝申し上げます。

塚越　敦子

参考文献

小学館　ロベール仏和大辞典	小学館	パスポート初級仏和辞典	白水社
ロワイヤル仏和中辞典	旺文社	フランスことわざ名言辞典	白水社
プチ・ロワイヤル仏和辞典	旺文社	新スタンダード仏和辞典	大修館書店
ディコ仏和辞典	白水社	クラウン仏和辞典	三省堂
白水社　ラルース仏和辞典	白水社	ロベール・クレ仏和辞典	駿河台出版社

執筆にあたり、これらの仏和辞典を参考にしました。ぜひ参照してみてください。

- はじめに ·· 2
- この本の特徴と使い方 ·· 8

✎ L'approche des 動詞

a
- aimer ·· 12
- aller ··· 16
- arriver ·· 20
- avoir ·· 24

c
- chanter ··· 28
- chercher ··· 32

d
- devoir ··· 36
- dire ·· 40
- donner ·· 44

f
- faire ··· 48

動詞　練習問題①　On va essayer !　············· 52

m
- manquer ··· 54
- mettre ·· 58

p	●passer	62
	●pouvoir	66
	●prendre	70
r	●regarder	74
t	●tomber	78
	●trouver	82
v	●voir	86
	●vouloir	90

動詞　練習問題②　On va essayer !　……………… 94

動詞の辞書の引き方 ………………………………………… 96

✎ L'approche des 名詞

b	●bête	98
	●bouchon	98
	●bruit	100
	●bureau	100

c	● cafard	102
	● campagne	102
	● chat	104
	● chef	104
	● cheval	106
	● chien	106
d	● devoir	108
f	● feu	108
	● forme	110
l	● lapin	110
	● loup	112
m	● main	112
	● maison	114
	● monde	114
p	● pomme	116
	● pot	116
r	● raison	118
t	● tête	118
	● tour	120
v	● vie	120

名詞　練習問題　On va essayer ! ……………… 122

名詞／形容詞の辞書の引き方 ……………………………………… 124

L'approche des 形容詞

形容詞の基本ルールをおさらいしましょう ……………… 126

a
- aimable ……………… 128
- ancien ……………… 128

b
- bon ……………… 130

c
- chaud ……………… 130
- cher ……………… 132

d
- dernier ……………… 132
- difficile ……………… 134
- dur ……………… 134

e
- étranger ……………… 136

f
- facile ……………… 136
- fort ……………… 138

g
- gauche ……………… 138
- grand ……………… 140

p
- pauvre ……………… 140

形容詞　練習問題　On va essayer ! ……………… 142

編集・DTP　（株）エディポック

この本の特徴と使い方

　この本は、フランス語を勉強し始めた方を対象に、基本単語の持つさまざまな意味を紹介しながらフランス語のおもしろさを再発見していただくための新しいジャンルの学習書です。

　語彙力アップに欠かせない辞書への橋渡しができるように、辞書の形を模倣して内容を構成しています。例えば、取り上げた単語は、辞書に慣れ親しむよう、アルファベットの順番に掲載しています。勉強したい単語をすぐに見つけることができ、意味や文法を調べることにもとても役立ちます。単語1つ1つを丁寧に説明していますので、無理なく楽しみながら学ぶことができます。

※すべてのフランス語に読み仮名をつけていますが、読み仮名はあくまでも参考です。CDをよく聞いて、正しい発音を身につけていきましょう。

● 本　文

動詞－1

新発見の意味の代表文例とその和訳です。

基本的な動詞を中心に掲載しています。

代表文例に合ったシチュエーションを紹介する会話とその和訳です。

CDのトラック番号です。CDには代表文例とその和訳、会話とその和訳などを収録しています。

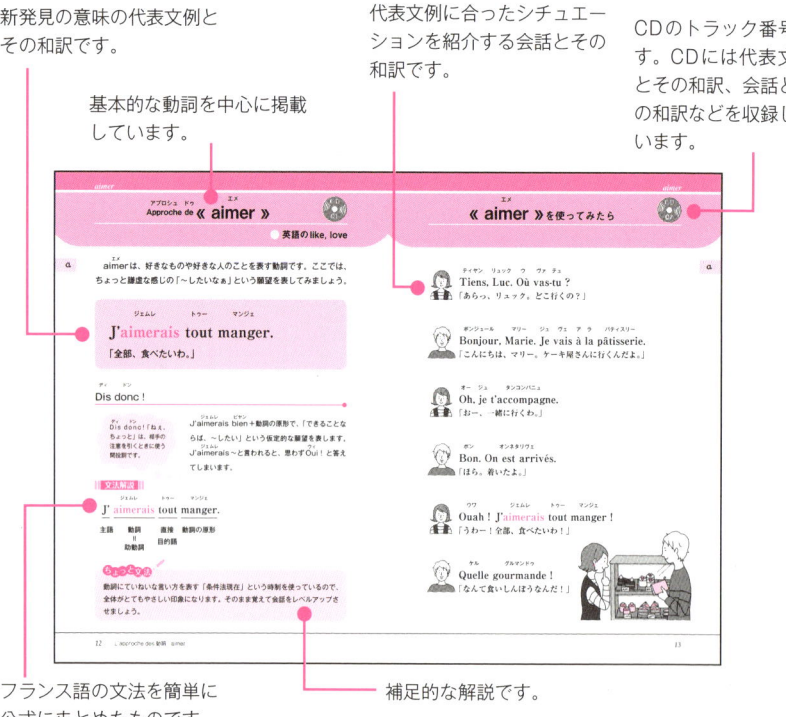

フランス語の文法を簡単に公式にまとめたものです。

補足的な解説です。

動詞－2

課ごとの動詞のそのほかの意味を紹介しています。

実際に辞書に掲載されているように動詞のそれぞれの意味を紹介しています。代表文例も含まれます。

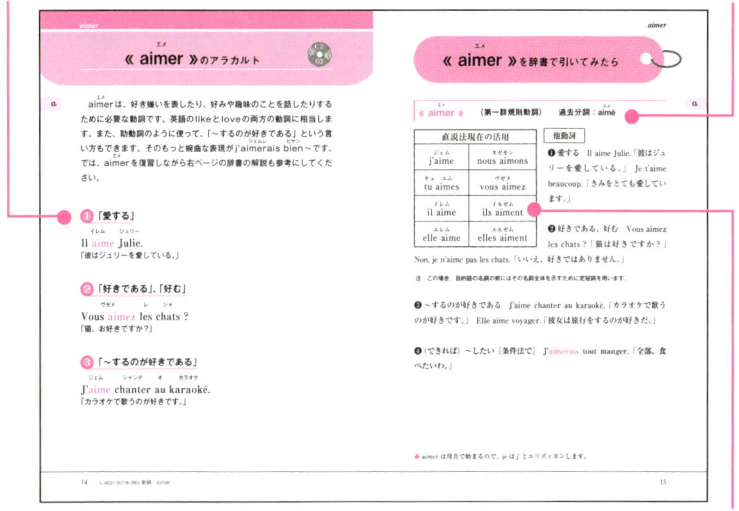

課ごとの動詞の直接法現在の活用表です。

名詞・形容詞

よく使われる意味の例文を用いて紹介しています。

単語全体の解説です。

新発見の意味を例文を用いて紹介しています。

9

練習問題

　動詞の章では練習問題を2つ、名詞と形容詞の章ではそれぞれ1つずつ掲載しています。どの程度、実力がついたのか挑戦してみましょう。

各イラストの吹き出しに合う
フランス語文を選ぶ選択問題
です。

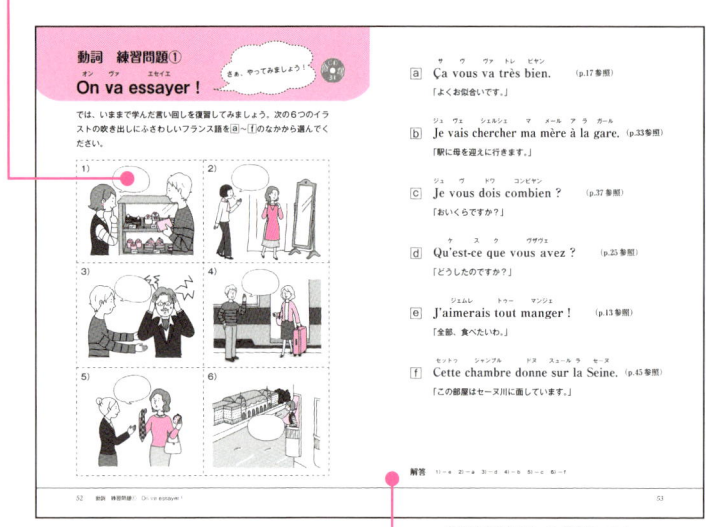

「練習問題」の解答です。

◆形容詞の章の冒頭では今まで勉強した形容詞の基本ルールを復習できるようにまとめています。
◆動詞と名詞の章の最後には辞書の引き方をわかりやすくていねいに紹介しています。
◆適宜「練習問題」を掲載していますので、復習や力試しにお役立てください。

10　この本の特徴と使い方

L'approche des 動詞
ラプロッシュ　　　デ

動詞へのアプローチから始めましょう。基本動詞の新発見がどのようなシチュエーションで使われるのかをお楽しみください。もちろん、復習も忘れずに。

aimer

Approche de « aimer »
アプローシュ ドゥ　　エメ

● 英語の like, love

a　aimer(エメ)は、好きなものや好きな人のことを表す動詞です。ここでは、ちょっと謙虚な感じの「〜したいなぁ」という願望を表してみましょう。

J'aimerais tout manger.
　　ジェムレ　　　トゥー　　マンジェ

「全部、食べたいわ。」

Dis donc !
　ディ　ドン

> Dis donc!「ねぇ、ちょっと」は、相手の注意を引くときに使う間投詞です。

J'aimerais bien＋動詞の原形で、「できることならば、〜したい」という仮定的な願望を表します。
J'aimerais〜と言われると、思わずOui！と答えてしまいます。

‖ 文法解説 ‖

J' aimerais tout manger.
　　ジェムレ　　トゥー　　マンジェ

主語　動詞　　直接　動詞の原形
　　　＝　　　目的語
　　　助動詞

ちょっと文法

動詞にていねいな言い方を表す「条件法現在」という時制を使っているので、全体がとてもやさしい印象になります。そのまま覚えて会話をレベルアップさせましょう。

aimer

《 aimer 》を使ってみたら
エメ

a

ティヤン　リュック　ウ　ヴァ　テュ
Tiens, Luc. Où vas-tu ?
「あらっ、リュック。どこ行くの？」

ボンジュール　　マリー　ジュ　ヴェ　ア　ラ　　パティスリー
Bonjour, Marie. Je vais à la pâtisserie.
「こんにちは、マリー。ケーキ屋さんに行くんだよ。」

オー　ジュ　　タンコンパニュ
Oh, je t'accompagne.
「おー、一緒に行くわ。」

ボン　　オンネタリヴェ
Bon. On est arrivés.
「ほら。着いたよ。」

ウワ　　　ジェムレ　　トゥー　　マンジェ
Ouah ! J'aimerais tout manger !
「うわー！全部、食べたいわ！」

ケル　　グルマンドゥ
Quelle gourmande !
「なんて食いしんぼうなんだ！」

13

aimer

《 aimer 》のアラカルト
エメ

a　aimerは、好き嫌いを表したり、好みや趣味のことを話したりするために必要な動詞です。英語のlikeとloveの両方の動詞に相当します。また、助動詞のように使って、「～するのが好きである」という言い方もできます。そのもっと婉曲な表現がj'aimerais bien～です。では、aimerを復習しながら右ページの辞書の解説も参考にしてください。

❶「愛する」

Il aime Julie.
イレム　ジュリー
「彼はジュリーを愛している。」

❷「好きである」、「好む」

Vous aimez les chats ?
ヴゼメ　レ　シャ
「猫、お好きですか？」

❸「～するのが好きである」

J'aime chanter au karaoké.
ジェム　シャンテ　オ　カラオケ
「カラオケで歌うのが好きです。」

aimer

《 aimer 》を辞書で引いてみたら

《 aimer 》 （第一群規則動詞）　過去分詞：aimé

直説法現在の活用

j'aime (ジェム)	nous aimons (ヌゼモン)
tu aimes (テュ エム)	vous aimez (ヴゼメ)
il aime (イレム)	ils aiment (イルゼム)
elle aime (エレム)	elles aiment (エルゼム)

他動詞

❶ 愛する　Il aime Julie.「彼はジュリーを愛している。」 Je t'aime beaucoup.「きみをとても愛しています。」

❷ 好きである、好む　Vous aimez les chats ?「猫は好きですか？」 Non, je n'aime pas les chats.「いいえ、好きではありません。」

注：この場合、目的語の名詞の前にはその名詞全体を示すために定冠詞を用います。

❸ 〜するのが好きである　J'aime chanter au karaoké.「カラオケで歌うのが好きです。」 Elle aime voyager.「彼女は旅行をするのが好きだ。」

❹ （できれば）〜したい［条件法で］　J'aimerais tout manger.「全部、食べたいわ。」

♣ aimer は母音で始まるので、je は j' とエリズィヨンします。

aller

アプロシュ ドゥ アレ
Approche de ≪ aller ≫

● 英語の go

a　allerは、「行く」や「元気である」という意味でよく使われますが、まさか「似合う」という意味まであるとは思いませんでした。どのように用いられるかを紹介しましょう。

サ　ヴ　ヴァ　トレ　ビヤン
Ça vous va très bien.
「よくお似合いです。」

vaの原形はallerです。

ディ　ドン
Dis donc !

「行く」を「元気である」という意味に使うだけでも少し驚きですが、誰かに何かが「似合う」と言いたいときにもallerを用います。

文法解説

サ　ヴ　ヴァ　トレ　ビヤン
Ça vous va très bien.
主語　間接目的語　動詞　副詞

ちょっと文法

もの＝主語 ＋ aller ＋ à人 という公式になります。動詞の形は、主語が単数のときはil（＝ça）の活用形になり、主語が複数のときはilsの活用形になります。ça は、「これ」という意味の代名詞です。

《 aller 》を使ってみたら

ボンジュール　ジュ　ブ　　エセイエ　セットゥ　ロブ　ルージュ
Bonjour. Je peux essayer cette robe rouge ?
「こんにちは。この赤いワンピースを試着してもいいですか？」

ウィ　ビヤン スュール　　マダム
Oui, bien sûr, madame.
「もちろんですとも、マダム。」

エ　ヴォワラ
Et voilà.
「こんな感じよ。」

サ　ヴ　ヴァ　トレ　ビヤン
Ça vous va très bien.
「よくお似合いですわ。」

サ　ム　プレ　　ボク　　ジュ　プラン　サ
Ça me plaît beaucoup. Je prends ça.
「とても気に入ったわ。これ、いただきます。」

メルスィ　　マダム
Merci, madame.
「ありがとうございます。」

aller

《 aller 》のアラカルト

allerは、「行く」、「元気である」、「順調である」などの意味でよく使われています。それらの意味から転じて、未来を表したり間投詞になったりと、幅広く活用できる重要な動詞です。辞書でもかなりの紙面を占めています。不規則動詞なので、その活用を覚えるのは少々大変ですが、ぜひ使いこなせるようにしましょう。そうすれば会話がぐっと楽しくなります。

① 「行く」

ジュ　ヴェ　アン　フランス
Je vais en France.
「フランスへ行きます。」

② 「～するところである」

ル　トラン　ヴァ　アリヴェ
Le train va arriver.
「まもなく電車が到着するところです。」

③ 「元気である」

コマンタレ　　　ヴ
Comment allez-vous ?
「お元気ですか？」

④ 「（ものごとが）運ぶ」

トゥー　ヴァ　ビヤン
Tout va bien.
「万事順調にいっている。」

《 aller 》を辞書で引いてみたら

《 aller 》 過去分詞：allé

直説法現在の活用	
je vais (ジュ ヴェ)	nous allons (ヌザロン)
tu vas (テュ ヴァ)	vous allez (ヴザレ)
il va (イル ヴァ)	ils vont (イル ヴォン)
elle va (エル ヴァ)	elles vont (エル ヴォン)

[自動詞]

❶ 行く　Je vais en France.「フランスへ行きます。」Il va à son travail en voiture.「彼は車で出勤する。」

❷ ～するところである［近い未来］　Le train va arriver.「電車が到着するところです。」Il va pleuvoir.「雨が降りそうだ。」

❸ 元気である　Comment allez-vous ?「お元気ですか？」— Je vais très bien, merci. Et vous ?「元気です、ありがとう。あなたは？」Ça va.「元気だ。」

❹（ものごとが）運ぶ　Tout va bien.「万事順調にいっている。」Ça va bien comme ça ?「こんな感じでいいですか？」

❺ 似合う　Ça vous va très bien.「あなたによくお似合いです。」Le vin blanc va bien avec le poisson.「白ワインは魚料理に合う。」

arriver

Approche de « arriver »
アプロシュ ドゥ　　アリヴェ

● 英語の arrive

a　arriverは、普段は「到着する」という意味ですが、出来事や事件が「起きる」ときにも使う動詞です。大げさな事柄に対してだけではなく、ごくありふれた日常の出来事にも用いられます。

　　　サ　　　アリヴ
　　Ça arrive.
　　「よくあることね。」

ディ　　ドン
Dis donc !

　　何か出来事が「起きる」ときにもarriverを使うなんて！ はじめは少し変な感じですね。でも、Ça arrive.は会話をうまくつなぐ表現として活躍してくれます。

‖ 文法解説 ‖

サ　　アリヴ
Ça arrive.
　‾‾　‾‾‾‾‾
　主語　動詞

ちょっと文法

Ça va ? 「元気?」のçaと同じです。英語のthisやitに相当して、動詞はilの活用形と同じです。

《 arriver 》を使ってみたら

Désolé, Marie ! Je t'ai fait attendre une heure.
「ごめんね、マリー！1時間待たせたね。」

Oui, qu'est-ce qui t'est arrivé ?
「そうね、どうしたの？」

Il y avait un bouchon à cause d'un accident.
Je m'excuse.
「事故のせいで渋滞だったんだよ。ごめんね。」

Ah bon ? Ça arrive. Mais fais plus attention la prochaine fois.
「あ、そうなの？まぁよくあることね。でも、この次は気をつけて。」

Oui, oui, c'est promis.
「うんうん、約束するよ。」

《 arriver 》のアラカルト
アリヴェ

a では、普段の「到着する」の意味のarriver（アリヴェ）からもう一度見てみましょう。目的地を伴えば、「〜に到着する」ですが、目的地なしでは、「その場にすぐに登場する」というニュアンスになります。例えば、ウエーターが「ただいま参ります。」と言うときに使います。また、転じて「達成する」という意味にもなります。

❶「到着する」

ル　トラン　アリヴァ　パリ　ダン　ディ　ミニュットゥ
Le train arrive à Paris dans dix minutes.
「列車は10分後に到着する。」

ジャリヴ
J'arrive.
「ただいま参ります。」／「すぐ戻るよ。」

❷「到来する」

ル　プランタン　アリヴ　ビヤント
Le printemps arrive bientôt.
「春がもうすぐやってくる。」

❸「達成する」

イラリヴァ　セ　ファン
Il arrive à ses fins.
「彼は目的を達成する。」

arriver

《 arriver 》(アリヴェ) を辞書で引いてみたら

《 arriver 》(アリヴェ)　（第一群規則動詞）　過去分詞：arrivé(アリヴェ)

直説法現在の活用	
j'arrive (ジャリヴ)	nous arrivons (ヌザリヴォン)
tu arrives (テュ アリヴ)	vous arrivez (ヴザリヴェ)
il arrive (イラリヴ)	ils arrivent (イルザリヴ)
elle arrive (エラリヴ)	elles arrivent (エルザリヴ)

自動詞

❶ 到着する　Le train arrive à Paris dans dix minutes.「列車は10分後に到着する。」J'arrive.「ただいま参ります。」/「すぐ戻るよ。」Mes parents arrivent chez moi demain.「明日、両親がうちに来ます。」

❷ 到来する　Le printemps arrive bientôt.「春がもうすぐやってくる。」Le jour arrive.「夜が明ける。」

❸ 達する、達成する　Il arrive à ses fins.「彼は目的を達成する。」

❹ 起きる、生じる　Qu'est-ce qui vous arrive ?「どうしたのですか？（何があなたに起きたのですか）」 Ça arrive.「よくあることです。」

♣ arriver は母音で始まるので、je は j' とエリズィヨンします。

avoir

Approche de « avoir »
アプロシュ ドゥ　アヴォワール

● 英語のhave

a　avoirは、基本的に「持つ」という意味ですが、「持つ」から転じたさまざまな言い回しができます。その1つに心身の状態を表す表現があります。

> **Qu'est-ce que vous avez ?**
> ケ　ス　ク　　　　ヴザヴェ
> 「どうしたのですか？」
>
> avezの原形はavoirです。

Dis donc !
ディ　ドン

直訳は、「あなたは何を持っているのですか？」です。もちろん文字通り持ちもののことを聞いている場合もありますが、多くは、具合の悪そうなときなど何かの異変を感じたときに使います。

文法解説

Qu'est-ce que	vous	avez ?
ケ ス ク	ヴザヴェ	
直接目的語 = 疑問詞	主語	動詞

ちょっと文法

Qu'est-ce que は、「何を」という意味の疑問代名詞です。主語のvousに合わせて動詞の形はavezとなります。

24　L'approche des 動詞　avoir

avoir

《 avoir 》を使ってみたら
アヴォワール

ボンジュール　ムスィウ　デュボワ　ケ　ス　ク
Bonjour, Monsieur Dubois. Qu'est-ce que
ヴザヴェ
vous avez ?
「こんにちは、デュボワさん。どうしたのですか？」

ボンジュール　リュック　ウィ　ジェ　トレ　マラ　ラ テットゥ
Bonjour, Luc. Oui, j'ai très mal à la tête.
「こんにちは、リュック。うぅ、頭が痛いんだ。」

オ ララ　オン ヴァ　シェ　ル　メドゥサン
Oh là là. On va chez le médecin !
ジュ　ヴザコンパーニュ
Je vous accompagne.
「おやおや。病院へ行きましょう。ご一緒します。」

ウィ　ダコール　メルスィ　セ　ジャンティ
Oui, d'accord. Merci, c'est gentil.
「そうですね。ありがとう、ご親切に。」

avoir

《 avoir 》のアラカルト
アヴォワール

avoirといえば、最重要動詞ですから、さまざまな意味や用法があります。辞書でもかなりの紙面を割いて解説しています。日常的にも「持つ」からはじまって「〜がいる」、「飼っている」、「何歳である」などさまざまです。また身体の特徴や心身の状態を表すこともできます。ここではほんの一部しか紹介できませんが、もう一度確認してみましょう。

① 「持つ」

イラ ユヌ グランドゥ メゾン
Il a une grande maison.
「彼は大きな家を持っている。」

② 「(人を) 持つ」

エラ ドゥーザンファン
Elle a deux enfants.
「彼女には2人子どもがいます。」

③ 「飼っている」

ジェ アン シャ ノワール
J'ai un chat noir.
「私は黒猫を飼っています。」

④ 「〜歳である」

ジュリー ア ヴァンタン
Julie a vingt ans.
「ジュリーは20歳です。」

avoir

《 avoir 》を辞書で引いてみたら

《 avoir 》 (アヴォワール)　過去分詞：eu (ユ)

直説法現在の活用	
j'ai (ジェ)	nous avons (ヌザヴォン)
tu as (テュア)	vous avez (ヴザヴェ)
il a (イラ)	ils ont (イルゾン)
elle a (エラ)	elles ont (エルゾン)

他動詞

❶ 持つ　Il a une grande maison.「彼は大きな家を持っている。」 Tu as de l'argent ?「お金持ってる？」

❷ (人を)持つ　Elle a deux enfants.「彼女には2人子どもがいます。」 J'ai beaucoup d'amis à Tokyo.「東京にたくさん友だちがいます。」

❸ 飼っている　J'ai un chat noir.「私は黒猫を飼っています。」

❹ ～歳である　Julie a vingt ans.「ジュリーは20歳です。」

❺ (身体や心身の状態)～である　Qu'est-ce que vous avez ?「どうしたのですか？」 J'ai mal à la tête.「頭が痛いです。」 Tu as faim ?「おなかすいてる？」 ─ Oui, j'ai faim.「うん、すいてるよ。」

♣ avoir は母音で始まるので、je は j' とエリズィヨンします。

Approche de《 chanter 》
アプロシュ ドゥ　シャンテ

● 英語の sing

シャンテ
chanterは、普段は「歌う」という意味で使います。ここでは、まったく別の使い方の「〜の気に入る」を紹介しましょう。

アレズィ　スィ　サ　ヴ　　シャントゥ
Allez-y, si ça vous chante.
「気に入ったのなら行ってらっしゃい。」

ディ　ドン
Dis donc !

名詞 ＋ chanter à ＋ 人 の形で、話しことばとして使われます。ものやものごとが主語になって、そのことが誰かの「気に入る」という意味になります。

文法解説

アレズィ　スィ　サ　ヴ　シャントゥ
Allez-y, si ça vous chante.

　　　　　主語　間接　　動詞
　　　　　　　　目的語

ちょっと文法

à ＋ 人 〜の部分は、間接目的語の代名詞の vous「あなたの」です。代名詞なので動詞の前に位置します。主語が ça の場合は il と同じ動詞の活用形です。

L'approche des 動詞　chanter

chanter

《 chanter 》を使ってみたら

ボンジュール　リュッケ　マリー
Bonjour, Luc et Marie.
「こんにちは、リュックとマリー。」

ボンジュール　　ムスィウ　　デュボワ
Bonjour, Monsieur Dubois.
「こんにちは、デュボワさん。」

ア　ウィ　ジェ　ドゥー　プラス　プール　アン　フィルム
Ah oui, j'ai deux places pour un film
ダンパンマン　　サ　ヌ　　ヴザンテレス　　パ
d'*Anpanman*. Ça ne vous intéresse pas ?
「そうだ、アンパンマンのチケット２枚あるんだ。興味ないよね？」

スィ
Si !
「興味あります！」

アレズィ　スィ　サ　ヴ　シャントゥ
Allez-y, si ça vous chante.
「気に入ったのなら行ってらっしゃい。」

サ　ヌ　フェ　プレズィール　メルスィ　ボクー
Ça nous fait plaisir. Merci beaucoup.
「うれしいです。ありがとうございます。」

《 chanter 》のアラカルト

chanterは、「歌う」という意味の動詞です。その意味から「さえずる」や「しゃべる」などの意味が想像できますね。また、(歌や詩で)人を褒めたたえるときにも使うことができます。chanterは、日常会話で用いる動詞ですが、「歌う」以外にも次のような意味があります。

❶「歌う」

エル　シャントゥ　ビヤン
Elle chante bien.
「彼女は歌がうまい。」

❷「さえずる」

レゾワゾー　　　シャントゥ
Les oiseaux chantent.
「鳥たちがさえずっている。」

❸「〜を歌う」

イル　シャントゥ　ユヌ　シャンソン　ダムール
Il chante une chanson d'amour.
「彼はラブソングを歌っている。」

❹「しゃべる」

ケ　ス　ク　テュ　ヌ　シャントゥ　ラ
Qu'est-ce que tu nous chantes là ?
「何を言ってるんだ？」

《 chanter 》を辞書で引いてみたら
シャンテ

《 chanter 》 （第一群規則動詞）　過去分詞：chanté
シャンテ　　　　　　　　　　　　　　　　シャンテ

直説法現在の活用

ジュ シャントゥ je chante	ヌ　　シャントン nous chantons
テュ シャントゥ tu chantes	ヴ　　シャンテ vous chantez
イル シャントゥ il chante	イル シャントゥ ils chantent
エル シャントゥ elle chante	エル シャントゥ elles chantent

【自動詞】

❶ 歌う　Elle chante bien.「彼女は歌がうまい。」

❷ さえずる　Les oiseaux chantent dans la forêt.「森のなかで鳥たちがさえずっている。」

【他動詞】

❸ ～を歌う　Il chante une chanson d'amour.「彼はラブソングを歌っている。」

❹ しゃべる　Qu'est-ce que tu nous chantes là ?「何を言ってるんだ？」

❺ ～の気に入る　Allez-y, si ça vous chante.「それが気に入ったのなら行ってらっしゃい。」　comme ça vous chante「お好きなように」

chercher

Approche de ≪ chercher ≫
アプロシュ ドゥ　　　シェルシェ

● 英語の look for

　chercherは、「探す」という意味ですが、「迎えに行く」や「迎えに来る」にも使います。「迎えに行く」のは、「探しに行く」に通じるというわけですね。

> ジュ　ヴェ　　シェルシェ　　マ　メール　ア　ラ　ガール
> **Je vais chercher ma mère à la gare.**
> 「駅に母を迎えに行くんだよ。」

Dis donc !
ディ　ドン

　aller「行く」＋chercher＋人 で「～を迎えに行く」となります。具体的な場所も明記されながらよく使われます。「探す」というイメージとは違うので、ちょっと戸惑いますね。

文法解説

ジュ　ヴェ　　シェルシェ　　マ　メール　ア　ラ　ガール
Je vais chercher ma mère à la gare.
主語 助動詞　動詞　　　直接目的語　　場所

ちょっと文法

　aller ＋ chercher ＋ 人 という公式になります。allerは助動詞なのでchercherは原形のままです。

32　L'approche des 動詞　chercher

《 chercher 》を使ってみたら

シェルシェ

アロー　　ボンジュール　リュック　セ　モワ　マリー
Allô ? Bonjour, Luc. C'est moi, Marie.
「もしもし。こんにちは、リュック。私よ、マリー。」

アー　ボンジュール　　マリー　　サ ヴァ
Ah, bonjour, Marie. Ça va ?
「あー、こんにちは、マリー。元気かい？」

ウィ　サ ヴァ　オ フェットゥ テュ エ リーブル　　セタプレミディ
Oui, ça va. Au fait, tu es libre cet après-midi ?
「うん、元気よ。ところで、今日の午後ひま？」

デゾレ　　ジュ ヴェ　シェルシェ　マ　メール　ア ラ　ガール
Désolé. Je vais chercher ma mère à la gare.
「ごめん。駅に母を迎えに行くんだよ。」

《 chercher 》のアラカルト
シェルシェ

　chercher（シェルシェ）は、「探す」という意味を発展させて「探し求める」そして「～しようと努める」というように使われます。「探す」という行動を、いろいろな場面に合わせて使い分けられるようになると、フランス語がぐっとレベルアップします。フランス人の考え方にも少し近づけると思います。

❶「探す」

ジュ　シェルシュ　　メ　　リュネットゥ
Je cherche mes lunettes.
「メガネを探しています。」

❷「探し求める」

イル　シェルシュ　　　アンナパルトマン　　　プリュ　　グラン
Il cherche un appartement plus grand.
「彼はもっと大きいアパルトマンを探している。」

❸「～しようと努める」 chercher à + 動詞の原形

ヌ　　シェルション　ア　　コンプランドル　　ソンナティテュドゥ
Nous cherchons à comprendre son attitude.
「私たちは彼の態度を理解するように努める。」

《 chercher 》を辞書で引いてみたら
（シェルシェ）

《 chercher 》（シェルシェ）　（第一群規則動詞）　過去分詞：cherché（シェルシェ）

直説法現在の活用	
ジュ シェルシュ je cherche	ヌ　シェルション nous cherchons
テュ シェルシュ tu cherches	ヴ　シェルシェ vous cherchez
イル シェルシュ il cherche	イル　シェルシュ ils cherchent
エル シェルシュ elle cherche	エル　シェルシュ elles cherchent

他動詞

❶探す　Je cherche mes lunettes.「メガネを探しています。」 Jean cherche du travail.「ジャンは職を探してます。」

❷探し求める　Il cherche un appartement plus grand.「彼はもっと大きいアパルトマンを探している。」

❸ chercher à + 動詞の原形　〜しようと努める　Nous cherchons à comprendre son attitude.「私たちは彼の態度を理解するように努める。」 Il cherche à la convaincre.「彼はなんとか彼女を説得するように努めている。」

❹ aller + chercher〜　迎えに行く　Je vais chercher ma mère à la gare.「駅に母を迎えに行くんだよ。」 Marie va chercher du pain.「マリーはパンを取り（買い）に行っています。」

devoir

Approche de « devoir »
アプロシュ ドゥ　ドゥヴォワール

● 英語の must

　devoirは、「～しなければならない」という意味の動詞です。ほとんど助動詞のように使われますが、ここでは、買い物のときの思いがけない表現を紹介しましょう。

d

> ジュ　ヴ　ドワ　コンビヤン
> ## Je vous dois combien ?
> 「おいくらですか？」
>
> doisの原形はdevoirです。

Dis donc !
ディ　ドン

　英語のmustと同じであると思い込んでいたので、お店などでの支払い時に耳にしたときには驚きました。直訳してみると「私はあなたにいくら借りがあるのですか？」となります。

■ 文法解説 ■

ジュ　ヴ　ドワ　コンビヤン
Je vous dois combien ?

主語　間接目的語　動詞　疑問副詞

ちょっと文法

　devoir ～ à＋人 という公式になります。具体的には、「誰々に～を支払う義務がある」という意味なので、「～」の部分には金銭関係の表現が入ります。

≪ devoir ≫を使ってみたら

ドゥヴォワール

Madame, vous avez choisi ?
マダム　ヴザヴェ　ショワズィ
「マダム、お選びになりましたか？」

Oui. Je prends cette cravate orange.
ウィ　ジュ　プラン　セットゥ　クラヴァットランジュ
「はい。このオレンジのネクタイを買います。」

Oui, madame.
ウィ　マダム
「はい、マダム。」

Je vous dois combien ?
ジュ　ヴ　ドワ　コンビヤン
「おいくらですか？」

100 euros, madame.
サントゥーロ　マダム
「100ユーロです、マダム。」

《 devoir 》のアラカルト
ドゥヴォワール

devoirは、「〜しなければならない」や「〜するに違いない」いう意味でほとんど助動詞として使われます。そういう点で英語のmustと同じなのですが、フランス語の場合は、助動詞も主語に合わせて活用します。少し大変ですが、このような助動詞も使うことができるようになると、会話の微妙なニュアンスを伝えることができます。

① 「〜しなければならない」

ジュ ドワ パルティール トゥー ドゥ スュイットゥ

Je dois partir tout de suite.
「すぐに出発しなければならない。」

② 「〜してはならない」（否定文で＝禁止）

オン ヌ ドワ パ マンティール

On ne doit pas mentir.
「ウソをついてはいけない。」

③ 「〜にちがいない」

イル ドワ エートル アン コレール

Il doit être en colère.
「彼は怒っているにちがいない。」

《 devoir 》を辞書で引いてみたら

《 devoir 》　過去分詞：dû

直説法現在の活用	
je dois (ジュ ドワ)	nous devons (ヌ ドゥヴォン)
tu dois (テュ ドワ)	vous devez (ヴ ドゥヴェ)
il doit (イル ドワ)	ils doivent (イル ドワーヴ)
elle doit (エル ドワ)	elles doivent (エル ドワーヴ)

他動詞

❶ ～しなければならない　Je dois partir tout de suite.「すぐに出発しなければならない。」 Tu dois manger beaucoup de légumes.「野菜をたくさん食べなくちゃダメだよ。」

❷ ～してはならない（否定文で＝禁止）On ne doit pas mentir.「ウソをついてはいけない。」 Vous ne devez pas entrer sans frapper.「ノックせずに入ってはいけない。」

❸ ～にちがいない　Il doit être en colère.「彼は怒っているにちがいない。」 Vous devez vous tromper.「お間違いでしょう。」（語調の緩和）

❹ 借りている、支払う義務がある　Je vous dois combien ?「おいくらですか？」

dire

Approche de « dire »
アプロシュ ドゥ　ディール

● 英語の say, tell

　dire は、普段は「言う」、「述べる」という意味ですが、ここでは、提案や勧誘の場合にも使うことができる dire を紹介しましょう。

> **Ça te dit ?**
> サ　トゥ　ディ
>
> 「どう？」
>
> dit の原形は dire です。

Dis donc !
ディ　ドン

　「気に入る」という意味の dire を使っています。どうして「言う」が「気に入る」という展開になるのか、不思議ですね。特に提案の形を取りながら同意を求める際によく用いられます。

|| 文法解説 ||

Ça te dit ?
サ　トゥ　ディ

主語　間接　動詞
　　　目的語

ちょっと文法

主語は常に「もの」です。例文の主語の ça は、主語代名詞の il に相当し、動詞の活用形は dit となります。

《 dire 》を使ってみたら
ディール

Marie, tu es libre ce soir ?
マリー テュ エ リブル ス ソワール
「マリー、今晩、ひま？」

Oui, mais pourquoi ?
ウィ メ プルクワ
「ええ、ひまよ。でも、どうして？」

J'aimerais voir un film japonais. Tu viens avec moi ?
ジェムレ ヴォワール アン フィルム ジャポネ テュ ヴィヤン アヴェック モワ
「日本映画を見たいんだ。一緒に来るかい？」

Quel film ?
ケル フィルム
「なんの映画？」

Mon voisin Totoro. Ça te dit ?
モン ヴォワザン トトロ サ トゥ ディ
「『隣のトトロ』だよ。どう？」

Mais oui ! Avec plaisir. J'adore Miyazaki.
メ ウィ アヴェック プレズィール ジャドール ミヤザキ
「もちろんよ。喜んで。私、宮崎映画大好きなの。」

《 dire 》のアラカルト
ディール

dire（ディール）は、「言う」や「述べる」という意味で使われるのが普通です。後ろには、名詞でも実際のせりふでも置くことができます。疑問代名詞のque（ク）「何を？」を伴えば、「どう思う？」というように感想を尋ねることもできます。

① 「言う」

ジュ ヴェ トゥ ディール ラ ヴェリテ
Je vais te dire la vérité.
「本当のことを言おう。」

② 「～と言う」

イル マ ディ モン ペーレ マラドゥ
Il m'a dit : "Mon père est malade."（直接話法）
「彼は私に『ぼくの父は病気です』と言った。」

イル マ ディ ク ソン ペーレテ マラドゥ
Il m'a dit que son père était malade.（間接話法）
「彼は私に自分の父は病気ですと言った。」

③ 「～と思う」（疑問代名詞のqueを伴って）

ク ディットゥ ヴ ドゥ ス タブロ
Que dites-vous de ce tableau ?
「この絵をどう思いますか？」

《 dire 》を辞書で引いてみたら

《 dire 》　過去分詞：dit

直説法現在の活用	
je dis	nous disons
tu dis	vous dites
il dit	ils disent
elle dit	elles disent

他動詞

❶ 言う　Je vais te dire la vérité.「本当のことを言おう。」Il ne dit rien.「彼は何も言わない。」

❷ ～と言う　Il m'a dit : "Mon père est malade."（直接話法）「彼は私に『ぼくの父は病気です』と言った。」 Il m'a dit que son père était malade."（間接話法）「彼は私に自分の父は病気ですと言った。」

❸ ～と思う　Que dites-vous de ce tableau ?「この絵をどう思いますか？」

❹ 気に入る、訴えかける　Ça te dit ?「どう？」 Ça ne me dit rien.「それは私には興味がない。」

Approche de《 donner 》
アプロシュ ドゥ ドネ

● 英語の give

donnerは、「与える」、「渡す」という意味の動詞ですが、前置詞のsurを伴って、「面している」と方向を表すことができます。

Cette chambre donne sur la Seine.
セットゥ シャンブル ドヌ スュール ラ セーヌ

「この部屋はセーヌ川に面しています。」

Dis donc !
ディ ドン

ホテルのフロントで「部屋はセーヌ川に面しています。」と言われたのに、「与える」のdonnerと勘違いして何かプレゼントがあるのかと思ってしまいました。確かに窓からのすばらしい景色はプレゼントでしたが…。

文法解説

Cette chambre donne sur la Seine.
セットゥ シャンブル　 ドヌ　スュール ラ セーヌ
　主語　　　　　　　動詞　前置詞　名詞

ちょっと文法

主語は常に「もの」です。主語のcette chambreは、主語代名詞のelleに相当し、動詞の活用形はdonneとなります。

《 donner 》を使ってみたら

ドネ

Bonjour, monsieur. Vous avez une chambre pour une personne ?
ボンジュール　ムスィウ　ヴザヴェ　ユヌ　シャンブル　プーリュヌ　ペルソンヌ
「こんにちは、ムッシュー。シングルの部屋はありますか？」

Oui, mademoiselle.
ウィ　マドモワゼル
C'est soixante-dix euros. Cette chambre donne sur la Seine.
セ　スワサントゥ　ディズユーロ　セットゥ　シャンブル　ドヌ　スュール　ラ　セーヌ
「はい、マドモアゼル。70ユーロです。この部屋はセーヌ川に面しています。」

C'est vrai ? C'est très bien.
セ　ブレ　セ　トレ　ビヤン
「本当ですか？それはすごい！」

《 donner 》のアラカルト

donnerは、「与える」、「贈る」、「渡す」などという意味の動詞です。そこから転じて、「教える」や「もたらす」、「催す」などと言うときにも使います。さまざまなケースで使いこなせるようになれば、かなりフランス語の幅を広げることができる動詞です。

❶「与える」

Luc m'a donné un sac pour mon anniversaire.
「リュックは誕生日にハンドバッグを私にくれました。」

❷「渡す」

Donne-moi le sel, s'il te plaît.
「塩を取ってくれる？」

❸「教える」

Vous pouvez me donner votre adresse e-mail ?
「あなたの電子メールアドレスを教えてくださいますか？」

❹「催す」

On donne un concert.
「コンサートがあります。」

donner

≪ donner ≫を辞書で引いてみたら

≪ donner ≫ （第一群規則動詞） 過去分詞：donné
　　ドネ　　　　　　　　　　　　　　　　　　　　　　　　ドネ

直説法現在の活用	
ジュ　ドヌ je donne	ヌ　　ドノン nous donnons
テュ　ドヌ tu donnes	ヴ　　ドネ vous donnez
イル　ドヌ il donne	イル　ドヌ ils donnent
エル　ドヌ elle donne	エル　ドヌ elles donnent

他動詞

❶ 与える　Luc m'a donné un sac pour mon anniversaire.「リュックは誕生日にハンドバッグを私にくれました。」

❷ 渡す　Donne-moi le sel, s'il te plaît.「塩を取ってくれる？」Donnez-moi un kilo de tomates.「トマト1キロください。」

❸ 教える　Vous pouvez me donner votre adresse e-mail ?「あなたの電子メールアドレスを教えてくださいますか？」

❹ 催す　On donne un concert ce soir.「今晩コンサートがあります。」

❺（surとともに）面している　Cette chambre donne sur la Seine.「この部屋はセーヌ川に面しています。」

faire

アプロシュ ドゥ　　　　フェール
Approche de « faire »

● 英語の make, do

フェール
faireは、日常的によく使われる不規則動詞です。みなさんにもなじみのある動詞だと思います。ここでは、一味ちがったfaireの使い方を紹介しましょう。

>　　エル　　フェ　　ジュヌ
>　**Elle fait jeune.**
>　「彼女、若いわね。」
>
>　　　　　　　　　　　　　　　　　　　　　faitの原形はfaireです。

ディ　ドン
Dis donc !

フェール
faire＋形容詞「～に見える」は、人やものの見た目の印象を述べるときに使います。「～の印象を与える」あるいは「～の様子をしている」というように訳すこともできます。faireの後ろの形容詞は、主語がものの場合には性・数の一致は行いません。

文法解説

エル　　フェ　　ジュヌ
Elle fait jeune.
主語　動詞　属詞（形容詞）

ちょっと文法

フレーズの主語がelleなので、faireの活用形がfaitとなっています。形容詞が続くので「作る」や「する」という意味にはなりません。

48　L'approche des 動詞　faire

《 faire 》を使ってみたら

Qui est cette dame-là ?
「あそこのご婦人は誰？」

Ah, c'est ma mère.
「あー、僕の母だよ。」

Quoi ? C'est ta mère ? Elle a quel âge ?
「なんですって？あなたのお母さんですって？彼女はいくつなの？」

Elle a cinquante ans.
「50歳だよ。」

C'est vrai ? Elle fait très jeune pour son âge !
「本当？そんな年齢に見えないくらい若いわ！」

《 faire 》のアラカルト

フェール

　faireは、いろいろな意味があってさまざまな場面で活躍する便利な動詞ですね。あまりにたくさんあるので、その用法をすべて紹介することはできませんが、ぜひとも使いこなしたい動詞です。まずは、「作る」、「〜する」、天候表現、値段の表現から慣れていきましょう。

❶「作る」

マ　　メール　フェ　ドゥ　ボン　　ガト
Ma mère fait de bons gâteaux.
「母はおいしいケーキを作ります。」

❷「〜する」

ケ　ス　ク　　ヴ　　フェットゥ　ダン　ラ　ヴィ
Qu'est-ce que vous faites dans la vie ?
「お仕事はなんですか？」

❸ 天候の表現「〜である」(非人称動詞)

イル　フェ　ボ　ス　マタン
Il fait beau ce matin.
「今朝は天気がいい。」

❹ 値段の表現「〜になる」

サ　フェ　コンビヤン　アン　トゥー
Ça fait combien en tout ?
「全部でいくらになりますか？」

faire

《 faire 》を辞書で引いてみたら
（フェール）

《 faire 》 過去分詞：fait
（フェール）　　　　　　　（フェ）

直説法現在の活用	
je fais (ジュ フェ)	nous faisons (ヌ フゾン)
tu fais (テュ フェ)	vous faites (ヴ フェットゥ)
il fait (イル フェ)	ils font (イル フォン)
elle fait (エル フェ)	elles font (エル フォン)

他動詞

❶ 作る　Ma mère fait de bons gâteaux.「母はおいしいケーキを作ります。」

❷ する　Qu'est-ce que vous faites dans la vie ?「お仕事はなんですか？」— Je suis professeur.「教師です。」　Mon père fait la cuisine.「父は料理をします。」　Je fais du tennis.「テニスをします。」

❸ [非人称]（天候・気温・明暗などを示す）　Quel temps fait-il ?「どんな天気ですか？」— Il fait beau ce matin.「今朝はいい天気です。」

❹ （ある数量に）になる　Ça fait combien ?「いくらになりますか？」

自動詞

❺ する、行動する　Fais comme tu veux.「お好きなように。」

❻ （faire＋属詞）〜に見える　Elle fait jeune.「彼女は若く見える。」

動詞　練習問題①
On va essayer !
(オン　ヴァ　エセイエ)

さぁ、やってみましょう！

では、いままで学んだ言い回しを復習してみましょう。次の6つのイラストの吹き出しにふさわしいフランス語を a ～ f のなかから選んでください。

1)
2)
3)
4)
5)
6)

|a| Ça vous va très bien. （p.17参照）
　　サ ヴ ヴァ トレ ビヤン

「よくお似合いです。」

|b| Je vais chercher ma mère à la gare. （p.33参照）
　　ジュ ヴェ シェルシェ マ メール ア ラ ガール

「駅に母を迎えに行きます。」

|c| Je vous dois combien ? （p.37参照）
　　ジュ ヴ ドワ コンビヤン

「おいくらですか？」

|d| Qu'est-ce que vous avez ? （p.25参照）
　　ケ ス ク ヴザヴェ

「どうしたのですか？」

|e| J'aimerais tout manger ! （p.13参照）
　　ジェムレ トゥー マンジェ

「全部、食べたいわ。」

|f| Cette chambre donne sur la Seine. （p.45参照）
　　セットゥ シャンブル ドヌ スュール ラ セーヌ

「この部屋はセーヌ川に面しています。」

解答　1）－e　2）－a　3）－d　4）－b　5）－c　6）－f

manquer

Approche de 《 manquer 》
アプロシュ ドゥ　　　マンケ

CD 32

● 英語の lack, miss

manquer は、「欠けている」、「不足している」という意味ですが、人を主語にして、「〜がいなくてさびしい」という感情表現にもよく使われます。

Tu me manques.
テュ ム　マンク

「きみがいなくてさびしいよ。」

Dis donc !
ディ ドン

「不足している」というような固いイメージの manquer から「きみがいなくてさびしい」なんて甘いフレーズを作れるとは思いもしませんでした。要するに、「きみが自分に不足している」というわけなのですが、口に出して言われるとほろっときます。

‖ 文法解説 ‖

Tu me manques.
テュ ム　マンク
主語 間接 動詞
　　 目的語

ちょっと文法

|主語| + manquer + |à 人| という公式です。主語が tu なので、動詞の活用形は manques となります。
マンケ　　　　　ア　　　　　　　　　　　　　　テュ
マンク

54　L'approche des 動詞　manquer

《 manquer 》を使ってみたら

Allô, Luc ? C'est Marie. Ça va ?
「もしもし、リュック？ マリーよ。元気？」

Oh ! Marie ! Tu es où ? Ça fait longtemps !
「おー、マリー！どこにいるんだ？ずいぶん会ってないじゃないか！」

Tu exagères. On s'est vus avant-hier.
「大げさね。一昨日会ったでしょ。」

Ah bon. Mais en tout cas, tu me manques beaucoup.
「そうだっけ。でもとにかくきみがいなくてすごくさびしいんだよ。」

《 manquer 》のアラカルト
(マンケ)

manquerは、「欠けている」、「不足している」という意味で使われます。客観的な内容を表すイメージがあります。また、他動詞としては、「(列車などに) 乗り遅れる」や「(機会などを) 逃す」というネガティヴな事柄を表す場合もあります。それなのに、「〜がいなくてさびしい」という感情表現に使えるとは、不思議ですね。

① 「欠けている」

ル　タン　ム　マンク　プール　ソルティール
Le temps me manque pour sortir.
「私は常にでかける時間がない。」

② 「不足している」

レ　レギュム　マンク　スュール　レ　マルシェ
Les légumes manquent sur les marchés.
「市場は野菜が品不足である。」

③ 「(列車などに) 乗り遅れる」

ジェ　マンケ　ル　デルニエ　トラン
J'ai manqué le dernier train.
「終電に乗り遅れた。」

《 manquer 》を辞書で引いてみたら

《 manquer 》 （第一群規則動詞） 過去分詞：manqué

直説法現在の活用	
je manque	nous manquons
tu manques	vous manquez
il manque	ils manquent
elle manque	elles manquent

【自動詞】

❶ 欠けている　Le temps me manque pour sortir.「私は常にでかける時間がない。」Rien ne manque ?「足りないものは何もないね？」

❷ 不足している　Les légumes manquent sur les marchés.「市場は野菜が品不足である。」

❸ ～がなくてさびしい　Tu me manques.「きみがいなくてさびしいよ。」Paris leur manque.「彼らはパリを懐かしんでいる。」

【他動詞】

❹ (列車などに) 乗り遅れる　J'ai manqué le dernier train.「終電に乗り遅れた。」

Approche de « mettre »
アプロシュ ドゥ　　　　メットル

● 英語の put

mettreは、普段は「置く」、「つける」、「着る」などの意味です。ここでは、お金や時間を「費やす」場合の表現を紹介しましょう。

J'ai mis une heure à finir ce travail.
ジェ　ミ　　ユヌゥール　ア フィニール ス トラヴァイユ

「この仕事を終えるのに1時間かかったよ。」

ai misの原形はmettreです。

Dis donc !
ディ ドン

「置く」という動詞が、なぜ「費やす」や「かかる」になるのか。何かを自分のために「取っておく」という感覚なのでしょう。「かかる」といえば、prendre（ブランドル）を使うと思いがちなので、なんだか新鮮な感じですね。

文法解説

J'ai mis une heure à finir ce travail.
ジェ　ミ　　ユヌール　ア フィニール ス トラヴァイユ

主語　動詞　直接目的語　à＋動詞の原形＝主動詞の補足

ちょっと文法

動詞は、複合過去形なので、助動詞（avoir アヴォワール）＋過去分詞の形になります。主語が、je（ジュ）なので、j'ai mis（ジェ ミ）です。エリズィヨンに気をつけてください。

《 mettre 》を使ってみたら

リュック テュ ア フィニ
Luc, tu as fini ?
「リュック、終わった？」

ウィ ジェ ミ ユヌール ア フィニール ス トラヴァイユ
Oui, j'ai mis une heure à finir ce travail !
「うん、この仕事を終えるのに1時間かかったよ！」

テュ ア フェ サ トゥー スゥール ウワー ジェニアル
Tu as fait ça tout seul ? Ouah ! Génial !
「ひとりでやったの？わー、すごいわ！」

ジュ スュイ コンタン ドゥ タンタンドル ディール サ
Je suis content de t'entendre dire ça.
「きみにそう言われてうれしいよ。」

メ テュ ア レール ファティゲ ルポーズ トワ
Mais tu as l'air fatigué. Repose-toi !
「でも疲れてみえるわ。休んで。」

ジェ ファン プリュト オン ヴァ マンジェ ケルク パール
J'ai faim, plutôt. On va manger quelque part ?
「それよりおなかがすいてるんだ。食べに行こうか？」

《 mettre 》のアラカルト
メットル

mettreは、「置く」、「入れる」、「着る」、「つける」などという意味の動詞です。そこから転じて、何かをある状態に「置く」という感覚で、スイッチを入れたり、エンジンを動かしたりするときにも使います。人に対してなら、仕事につかせたり怒らせたりというような表現でも用います。時間や労力やお金に関しては、「費やす」という意味になります。

❶「置く」

ウ　エ　ス　ク　ジェ　ミ　メ　リュネットゥ
Où est-ce que j'ai mis mes lunettes ?
「メガネをどこに置いたかしら？」

❷「入れる」

テュ　メ　デュ　スュクル　ダン　トン　カフェ
Tu mets du sucre dans ton café ?
「コーヒーにお砂糖を入れるの？」

❸「着る」、「身につける」

ヴザヴェ　ミ　ヴォトル　マントー　イル　フェ　フロワ　ドゥオール
Vous avez mis votre manteau ? Il fait froid dehors.
「コートを着ましたか？　外は寒いですよ。」

《 mettre 》を辞書で引いてみたら

《 mettre 》 過去分詞：mis

直説法現在の活用	
je mets	nous mettons
tu mets	vous mettez
il met	ils mettent
elle met	elles mettent

他動詞

❶ 置く　Où est-ce que j'ai mis mes lunettes ?「メガネをどこに置いたかしら？」

❷ 入れる　Tu mets du sucre dans ton café ?「コーヒーにお砂糖を入れるの？」

❸ 着る、身につける　Vous avez mis votre manteau ?　Il fait froid dehors.「コートを着ましたか？ 外は寒いですよ。」

❹（ある状態に）置く、する　Elle a mis son père en colère.「彼女は父を怒らせた。」

❺ 費やす、かかる　J'ai mis une heure à finir ce travail.「この仕事を終えるのに1時間かかったよ。」　Cette viande met longtemps à cuire.「この肉は火が通るのに時間がかかる。」

passer

Approche de « passer »
アプロシュ ドゥ　　バセ

CD 38

● 英語のpass

　passer は、「通る」、「移る」、「過ぎる」などの移動を表す動詞です。ここでは、他動詞としてちょっと違った言い回しを勉強しましょう。

Passe-moi le sel.
バス　モワ　ル　セル

「お塩、取って。」

Dis donc !
ディ　ドン

　移動を示す動詞とばかり思いがちですが、後ろに目的語を伴って、「〜を手渡す」という意味でもよく使われます。例文のように用いると、レストランなどでの会話のときに便利です。

文法解説

Passe-moi le sel.
バス　モワ　ル　セル

動詞　間接目的語　直接目的語

ちょっと文法

このフレーズは、tu に対する命令文です。ですから、主語がありません。moi は、間接目的語で「私に」という意味です。命令文の場合はこの形を使います。

《 passer 》を使ってみたら

Marie, tu peux goûter la soupe ?
「マリー、スープの味をみてくれる？」

Oui.
「いいわよ。」

Alors ?
「どう？」

Hum... Elle manque de sel. Passe-moi le sel.
「うーん、塩が足りないわ。お塩、取って。」

C'est vrai ? Voilà.
「本当？はい、お塩よ。」

《 passer 》のアラカルト
バセ

passerは、「通る」、「移る」、「過ぎる」などの移動を表す動詞です。そこから、「立ち寄る」や「通行する」、「渡る」という意味にも使われます。またpasser pour「～とみなされる」など、後ろに前置詞を伴った熟語もあります。そして、目的語を伴って他動詞としてもよく使われます。

❶「通る」

ル　ビュス　パス　ドゥヴァン　レコール
Le bus passe devant l'école.
「バスは学校の前を通る。」

❷「移る」

パソン　オ　サロン
Passons au salon.
「客間に移りましょう。」

❸「立ち寄る」

ジュ　パスレ　シェ　トワ　ドゥマン
Je passerai chez toi demain.
「明日、きみの家に寄るよ。」

❹「(pourとともに）～とみなされる」

イル　パス　プール　セヴェール
Il passe pour sévère.
「彼は厳格であると思われている。」

《 passer 》を辞書で引いてみたら

《 passer 》 バセ　（第一群規則動詞）　過去分詞：passé バセ

直説法現在の活用

je passe ジュ バス	nous passons ヌ パソン
tu passes テュ パス	vous passez ヴ バセ
il passe イル パス	ils passent イル パス
elle passe エル パス	elles passent エル パス

自動詞

❶ 通る　Le bus passe devant l'école.「バスは学校の前を通る。」Laissez-moi passer.「通してください。」

❷ 移る　Passons au salon.「客間に移りましょう。」Le feu passe au vert.「信号が青に変わる。」

❸ 立ち寄る　Je passerai chez toi demain.「明日、きみの家に寄るよ。」

❹ (pour とともに) 〜とみなされる　Il passe pour sévère.「彼は厳格であると思われている。」

他動詞

❺ 手渡す　Passe-moi le sel.「お塩、取って。」 Je vous le passe.「彼に代わります。」(電話で)

Approche de《 pouvoir 》

○ 英語の can

　pouvoirは、主に助動詞として使われます。意味は、可能や許可を表す「〜することができる」です。ここでは、推測を表す「〜かもしれない」を紹介します。

　　　　サ　　プ　　　アリヴェ　ア　　ナンポルトゥ　　キ
Ça peut arriver à n'importe qui.
「それは誰にでも起こり得ることだよ。」

peutの原形はpouvoirです。

Dis donc !
　ディ　ドン

　推測を表すpouvoirを使って、Tu peux te tromper.「きみは間違っているかもしれないよ。」と、友人から忠告を受けたときに、あろうことか、「きみは間違うことができるよ。」と言われたと勘違いをしたことがあります。

文法解説

　　サ　　プ　　　アリヴェ　ア　　ナンポルトゥ　　キ
Ça peut arriver à n'importe qui.
主語 助動詞　動詞　　　　　間接目的語

ちょっと文法
主に助動詞として 主語 + pouvoir + 動詞 の原形の公式になります。主語のçaは、ilに相当するのでpeutとなります。

《 pouvoir 》を使ってみたら

ブヴォワール

Luc, tu sais que Julie est hospitalisée ?
「リュック、ジュリーが入院してるの知ってる？」

Non, je ne le savais pas. Qu'est-ce qu'elle a ?
「ううん、知らなかったよ。何があったの？」

Elle a eu un accident en faisant du vélo.
「彼女、自転車に乗っていて事故にあったのよ。」

La pauvre ! Mais ça peut arriver à n'importe qui.
「かわいそうに！でもそれは誰にでも起こり得ることだよ。」

Oui, tu as raison.
「うん、あなたの言う通りだわ。」

《 pouvoir 》のアラカルト

　pouvoirは、主に助動詞として使われます。可能を表す「〜することができる」という意味から、「〜してもよい」のような許可を表すときや「〜してくれますか？」（疑問文で）のような依頼を表すときにも欠かせない動詞です。さらに、推測を表す「〜かもしれない」という言い方を使うことができれば、会話に微妙なニュアンスを加えられます。

❶「〜することができる」

On peut y aller à pied.
「そこに歩いて行けます。」

❷「〜してもよい」

Je peux essayer cette robe ?
「このワンピースを試着してもいいですか？」

❸「〜してくれますか？」（疑問文で）

Pouvez-vous attendre un peu ?
「少しお待ちいただけますか？」

《 pouvoir 》を辞書で引いてみたら

《 pouvoir 》　過去分詞：pu

直説法現在の活用	
je peux	nous pouvons
tu peux	vous pouvez
il peut	ils peuvent
elle peut	elles peuvent

他動詞

❶ ～することができる　On peut y aller à pied.「そこに歩いて行けます。」 Tu peux venir demain ?「明日、来られるかい？」

❷ ～してもよい　Je peux essayer cette robe ?「このワンピースを試着してもいいですか？」 Vous pouvez entrer.「お入りになっても結構です。」 Je peux ?「かまいませんか？」

❸ ～してくれますか？（疑問文で）　Pouvez-vous attendre un peu ?「少しお待ちいただけますか？」

❹ ～かもしれない　Ça peut arriver à n'importe qui.「それは誰にでも起こり得ることだよ。」 Elle peut avoir vingt ans.「彼女は20歳ぐらいだろう。」

Approche de ≪ prendre ≫
アプロシュ ドゥ　ブランドル

●英語のtake

prendreは、さまざまな意味を持つ動詞です。ここでは、前置詞のpourを伴うちょっとおもしろい熟語表現を紹介しましょう。

> オン ム ブラン スヴァン プール マ スゥール
> **On me prend souvent pour ma sœur.**
> 「よく姉と間違えられるの。」
>
> prendの原形はprendreです。

Dis donc !
ディ ドン

英語のtakeと同じように、「取る」、「食べる」、「飲む」、「乗る」などさまざまな意味を持つ便利な動詞です。でも、前置詞のpourとともに使って「取り違える」という意味になるとはおもしろいですね。

文法解説

オン ム ブラン スヴァン プール マ スゥール
On me prend souvent pour ma sœur.
主語　A　動詞　副詞（時）　前置詞　B

ちょっと文法

prendre A pour B「A を B とみなす（＝取り違える）」という熟語です。主語は不定代名詞のonで、ilに相当するので動詞はprendになります。

《 prendre 》を使ってみたら

プランドル

Allô, Marie. C'est moi, Luc. Ça va ?
「もしもし、マリー。ぼくだよ、リュックだよ。元気かい？」

Ah non, c'est sa sœur, Léa.
「あ、違います。妹のレアです。」

Oh ! Je suis désolé, Léa.
「ごめんね、レア。」

Ce n'est rien. On me prend souvent pour ma sœur.
「どういたしまして。よく姉と間違えられるの。」

Vous avez la même voix.
「きみの声は彼女の声によく似てるよ。」

prendre

《 prendre 》のアラカルト
プランドル

prendre は、英語の take と同じように、目的語によって「取る」、「買う」、「食べる」、「飲む」、「乗る」など、さまざまな意味を持つ動詞です。prendre ひとつで、いろいろな場面で対応できます。ただし、目的語によって使い分けるので、話の流れに気をつけましょう。

① 「取る」

イル プラン アン クレヨン
Il prend un crayon.
「彼は鉛筆を手に取る。」

② 「買う」

ジュ プラン サ
Je prends ça.
「これを買います。」

③ 「食べる」、「飲む」

ケ ス ク ヴ プルネ コム ボワソン
Qu'est-ce que vous prenez comme boisson ?
「お飲みものは何になさいますか？」

④ 「乗る」

プルノン アン タクシー プール アレ ア ラエロポール
Prenons un taxi pour aller à l'aéroport.
「空港に行くのにタクシーに乗りましょう。」

《 prendre 》を辞書で引いてみたら

（ブランドル）

《 prendre 》　過去分詞：pris（プリ）

直説法現在の活用	
je prends (ジュ プラン)	nous prenons (ヌ プルノン)
tu prends (テュ プラン)	vous prenez (ヴ プルネ)
il prend (イル プラン)	ils prennent (イル プレヌ)
elle prend (エル プラン)	elles prennent (エル プレヌ)

他動詞

❶ 取る　Il prend un crayon.「彼は鉛筆を手に取る。」

❷ 買う　Je prends ça.「これを買います。」

❸ 食べる、飲む　Je prends un petit déjeuner tous les matins.「私は毎朝、朝食を食べます。」　Qu'est-ce que vous prenez comme boisson ?「お飲みものは何になさいますか？」　On va prendre un verre ?「一杯やりましょうか？」

❹ 乗る　Prenons un taxi pour aller à l'aéroport.「空港に行くのにタクシーに乗りましょう。」

❺ prendre A pour B　AをBとみなす(=取り違える)　On me prend souvent pour ma sœur.「よく姉と間違えられるの。」　Pour qui me prenez-vous ?「いったい私を誰だと思っているのですか？」

Approche de « regarder »

アプロシュ ドゥ　　　　ルガルデ

● 英語の watch

regarder は、普段は「見る」、「眺める」という意味で使いますが、ここでは、「関係する」というまったく異なった言い回しを勉強しましょう。

Ça ne te regarde pas !
サ ヌ トゥ ルガルドゥ パ

「あなたには関係のないことよ！」

Dis donc !
ディ ドン

友人が Ça ne te regarde pas. と言ったときに、「見る」の regarder と勘違いしました。「見ないで」と言われたと思って、友人から目をそらしてしまったことがあります。

文法解説

Ça ne te regarde pas.
サ ヌ トゥ ルガルドゥ パ

主語　直接目的語　動詞
　　　　　　否定

ちょっと文法

主語の ça は、il に相当するので動詞の形は regarde となります。否定文なので、直接目的語代名詞＋動詞部分を ne と pas で挟んでいます。

《 regarder 》を使ってみたら

ルガルデ

マリー テュ ア ユ デ ヌヴェル ドゥ サラ
Marie, tu as eu des nouvelles de Sarah ?
「マリー、サラから知らせあるかい？」

ノン ケル ヌヴェル
Non. Quelle nouvelle ?
「ないわよ。どんな知らせ？」

エレ ドゥヴニュ アヴォカトゥ アンテルナスィヨナル
Elle est devenue avocate internationale !
「彼女、国際弁護士になったんだって！」

サ ヌ トゥ ルガルドゥ パ
Ça ne te regarde pas !
「あなたには関係ないことよ！」

オー メ ケ ス ク テュ ア
Oh ! Mais qu'est-ce que tu as ?
「おー！いったい何があったんだ。」

《 regarder 》のアラカルト

regarderは、普段は「見る」、「眺める」という意味で使います。動作としては注意してじっくり「見る」感じです。また、知覚動詞なので、「〜するのを見る」場合もあります。また、目的語なしでも使えます。積極的に「じっくり見る」ということから、「関係する」という意味も持つようになったのかもしれません。

❶「〜を見る」

Mon père regarde la télévision.
「父はテレビを見ています。」

❷「〜するのを見る」

Elle regarde la neige tomber.
「彼女は雪が降るのを眺めている。」

❸（目的語なしで）「見る」

Regardez dehors !
「外を見てください！」

regarder

《 regarder 》を辞書で引いてみたら
（ルガルデ）

《 regarder 》（ルガルデ）　（第一群規則動詞）　過去分詞：regardé（ルガルデ）

直説法現在の活用

ジュ ルガルドゥ je regarde	ヌ ルガルドン nous regardons
テュ ルガルドゥ tu regardes	ヴ ルガルデ vous regardez
イル ルガルドゥ il regarde	イル ルガルドゥ ils regardent
エル ルガルドゥ elle regarde	エル ルガルドゥ elles regardent

他動詞

❶ 〜を見る　Mon père regarde la télévision.「父はテレビを見ています。」 Tout le monde regarde le paysage.「みなが景色を眺めている。」

❷ 〜するのを見る　Elle regarde la neige tomber.「彼女は雪が降るのを眺めている。」Regarde-moi faire.「私のやり方を見てごらん。」

❸（目的語なしで）見る　Regardez dehors !「外を見てください！」 Tu as bien regardé ?「ちゃんと見たのかい？」

❹ 関係する、かかわる　Cette histoire ne me regarde pas.「この話は私には関係がない。」 Ça ne te regarde pas !「あなたには関係ないことよ！」

Approche de《 tomber 》
アプロシュ ドゥ　　　　トンベ

● 英語の fall

tomberは、「落ちる」、「転ぶ」という意味の自動詞ですが、タイミングがよい（＋bien）、悪い（＋mal）と言いたいときにも使います。

Ça tombe mal.
サ　トンブ　マル

「タイミングが悪かったわ。」

Dis donc !
ディ　ドン

例えば、Vous tombez bien. と言われたとき、「あなたはうまく転んだ。」と訳さないでくださいね。「あなたはいいところに来た。」と歓迎されたのですから。

文法解説

Ça　tombe　mal.
サ　トンブ　マル
主語　動詞　副詞

ちょっと文法

主語のçaは、ilに相当するので動詞の形はtombeとなります。tomber bien が「タイミングがよい」で、tomber malが「タイミングが悪い」です。

78　L'approche des 動詞　tomber

《 tomber 》を使ってみたら

Allô ? Bonjour, Madame Roche. C'est Luc. Marie est là ?
「もしもし。こんにちは、ロッシュ夫人。リュックです。マリーはいますか?」

Bonjour, Luc. Ça tombe mal. Elle vient de sortir.
「こんにちは、リュック。タイミングが悪かったわ。彼女、今でかけたところよ。」

Tant pis.
「残念。」

Désolée.
「ごめんなさいね。」

《 tomber 》のアラカルト

tomberは、「落ちる」、「転ぶ」、「降る」という意味の自動詞です。後ろに形容詞を伴うときは「〜の状態になる」で、日付を伴えば、「〜に当たる」などさまざまな言い回しに使えます。bienやmalとともに、タイミングがよい、悪いという表現も会話のなかで使いたいですね。

① 「落ちる」

Elle est tombée de cheval.
「彼女は落馬した。」

② 「転ぶ」

Ça glisse, tu vas tomber.
「すべるから、転ぶよ。」

③ 「降る」

La pluie tombe très fort.
「雨が強く降っている。」

④ 「〜になる」

Il est tombé malade.
「彼は病気になった。」

tomber

《 tomber 》を辞書で引いてみたら

《 tomber 》(トンベ) （第一群規則動詞） 過去分詞：tombé (トンベ)

直説法現在の活用	
je tombe (ジュ トンブ)	nous tombons (ヌ トンボン)
tu tombes (テュ トンブ)	vous tombez (ヴ トンベ)
il tombe (イル トンブ)	ils tombent (イル トンブ)
elle tombe (エル トンブ)	elles tombent (エル トンブ)

自動詞

❶ 落ちる　Elle est tombée de cheval.「彼女は落馬した。」

❷ 転ぶ　Ça glisse, tu vas tomber.「すべるから、転ぶよ。」

❸ 降る、暮れる　La pluie tombe très fort.「雨が強く降っている。」Le jour tombe.「日が暮れる。」

❹ 〜になる（形容詞などを伴って）　Il est tombé malade.「彼は病気になった。」 Jean est tombé amoureux.「ジャンは恋に落ちた。」

❺ tomber bien / tomber mal　タイミングがいい・悪い　Ça tombe mal.「タイミングが悪かったわ。」 Tu tombes bien！ On te cherche.「ちょうどいいところに来たね。きみを探していたんだよ。」 Ça tombe bien.「ちょうどよかった。」/「いいタイミングだ。」

Approche de ≪ trouver ≫
アプロシュ ドゥ　　　　トルヴェ

● 英語の find

　trouver(トルヴェ)は、「見つける」、「発見する」という意味で使います。ここでは、形容詞を伴って「〜と思う」という感想や意見を表す言い回しを紹介しましょう。

Je trouve ce manga très intéressant.
ジュ　トルヴ　ス　マンガ　トレザンテレッサン

「このマンガ、すごくおもしろいと思うわ。」

Dis donc !
ディ　ドン

何かを「発見する」という意味のtrouver(トルヴェ)は、映画や本などの感想を述べるときにも使われます。はじめは少し戸惑いましたが、今では、「発見する」より「どう思う？」でtrouver(トルヴェ)をよく使っています。

▌文法解説▐

Je trouve ce manga très intéressant.
ジュ　トルヴ　ス　マンガ　トレザンテレッサン

主語　動詞　直接目的語　副詞　形容詞

ちょっと文法

主語はjeなので動詞の形はtrouve(トルヴ)となります。形容詞は、直接目的語にかかっています。

《 trouver 》を使ってみたら

トルヴェ

マリー ケ ス ク テュ フェ
Marie, qu'est-ce que tu fais ?
「マリー、何してるの？」

ジュ リ ナルト
Je lis *Naruto*.
「『NARUTO−ナルト−』を読んでるのよ。」

クワ ナルト ケ ス ク セ
Quoi ? *Naruto* ? Qu'est-ce que c'est ?
「なんだって？『ナルト』？それ何？」

セタン マンガ ジャポネ トレ コニュ
C'est un manga japonais très connu !
「日本のとても有名なマンガよ。」

ア ボン エ セ コマン
Ah bon. Et c'est comment ?
「あ、そうなの。どんななの？」

ジュ トルヴ ス マンガ トレザンテレッサン
Je trouve ce manga très intéressant.
「このマンガ、すごくおもしろいと思うわ。」

《 trouver 》のアラカルト
トルヴェ

trouverは、「見つける」、「発見する」という意味の動詞です。探していたものだけでなく、偶然見いだしたものに対しても使います。また、人と「会う」ときやものごとが「わかる」ときにも用います。そして、後ろに形容詞や名詞節を伴って、「〜と思う」という感想や意見を表すこともできます。

❶「見つける」

ジェ　　トルヴェ　　アンナパルトマン　　ア　　バリ
J'ai trouvé un appartement à Paris.
「パリでアパルトマンを見つけました。」

❷「発見する」

オンナ　　トルヴェ　　アン　シャ　　ダン　ル　ジャルダン
On a trouvé un chat dans le jardin.
「庭で猫を拾った（＝発見した）。」

❸「会う」

ウ　　プトン　　ヴ　　トルヴェ
Où peut-on vous trouver ?
「どこでお目にかかれますか？」

❹「わかる」

イラ　　トルヴェ　　ラ　ソリュスィヨン
Il a trouvé la solution.
「彼は答えがわかった。」

《 trouver 》を辞書で引いてみたら

《 trouver 》　（第一群規則動詞）　過去分詞：**trouvé**

直説法現在の活用

je trouve	nous trouvons
tu trouves	vous trouvez
il trouve	ils trouvent
elle trouve	elles trouvent

他動詞

❶ 見つける　J'ai trouvé un appartement à Paris.「パリでアパルトマンを見つけました。」

❷ 発見する　On a trouvé un chat dans le jardin.「庭で猫を拾った。」

❸ 会う　Où peut-on vous trouver ?「どこでお目にかかれますか？」

❹ わかる　Il a trouvé la solution.「彼は答えがわかった。」 J'ai trouvé !「わかったよ！」

❺ 〜と思う　Je trouve ce manga très intéressant.「このマンガ、すごくおもしろいと思うわ。」 Vous trouvez ?「そう思いますか？」 Je trouve qu'elle a raison.「彼女の言っていることは正しいと思う。」

Approche de ≪ voir ≫
アプロシュ ドゥ ヴォワール

● 英語の see

　voirは、視覚的に「見る」、「見える」という意味の他動詞として習いますが、〈今から心配してもはじまらない〉先のことをさす独特な会話表現もあります。

On verra bien.
オン　ヴェラ　ビヤン

「様子を見てみよう、あとでわかるさ。」

verraの原形はvoirです。

Dis donc !
ディ　ドン

　悩み事や心配の種を抱えている友人に会ったら、On verra.と言って、気持ちを楽にしてあげましょう。

文法解説

On verra bien.
オン　ヴェラ　ビヤン
主語　動詞　副詞

ちょっと文法

　主語は不定代名詞のonで、動詞の形はilの場合と同じ形になります。ここでは、先のことを言うので動詞の時制は単純未来です。その形は、verraになります。このフレーズは文法にこだわらずにそのまま覚えてしまいましょう。

《 voir 》を使ってみたら

Luc, tu as fini tes examens ?
「リュック、試験は終わった？」

J'en ai encore un. Mais, j'ai raté l'examen de maths ce matin.
「まだ1つあるよ。でも、今朝の数学の試験で失敗したんだ。」

Oh, Luc. On n'a pas encore eu les résultats !
「おー、リュック。まだ結果は出ていないわ！」

Oui, c'est vrai. On verra bien.
「うん、そうだね。様子を見てみよう、あとでわかるさ。」

《 voir 》のアラカルト

voirは、視覚的に「見る」、「見える」という意味の他動詞です。意識することなく自然と目に入ってくる場合と意識的に映画を「見る」や誰かと「会う」というような場合があります。目的語によって意味を正確にとらえましょう。また、状況や筋道から見て「わかる」という場合もあります。フランス語の幅をぐっと広げるのに役立つ動詞です。

❶「見える」

On voit bien la mer d'ici.
「ここから海がよく見える。」

❷「見る」（意識的）

Je vais voir un film japonais avec Marie ce soir.
「今晩、マリーと日本映画を見に行きます。」

❸「会う」

Viens me voir demain.
「明日、私に会いに来て。」

❹「わかる」

Tu vois ce que je veux dire ?
「私の言っている意味がわかる？」

《 voir 》を辞書で引いてみたら

ヴォワール

《 voir 》　過去分詞：vu
ヴュ

直説法現在の活用	
ジュ ヴォワ je vois	ヌ ヴォワイヨン nous voyons
テュ ヴォワ tu vois	ヴ ヴォワイエ vous voyez
イル ヴォワ il voit	イル ヴォワ ils voient
エル ヴォワ elle voit	エル ヴォワ elles voient

他動詞

❶ 見える　On voit bien la mer d'ici.「ここから海がよく見える。」

❷ 見る（意識的）　Je vais voir un film japonais avec Marie ce soir.「今晩、マリーと日本映画を見に行きます。」

❸ 会う　Viens me voir demain.「明日、私に会いに来て。」 Je ne le vois plus.「もう彼とは会わない。」

❹ わかる　Tu vois ce que je veux dire？「私の言っている意味がわかる？」 Ah！Je vois！「あー、（なるほど）わかりました！」

❺ on verra（会話表現）On verra bien.「様子を見てみよう、あとでわかるさ。」 Il va pleuvoir ce soir？「今晩雨が降るかな？」─ On verra bien.「今にわかるよ。」

vouloir

Approche de « vouloir »
アプロシュ ドゥ　　ヴロワール

● 英語の want

vouloir は、「欲しい」、「～したい」という願望を表す動詞ですが、dire「言う」を後ろに伴って「意味する」という熟語になります。

Qu'est-ce que ça veut dire ?
ケ　ス　ク　サ　ヴ　ディール

「それはどういう意味？」

veut の原形は vouloir です。

Dis donc !
ディ　ドン

vouloir は、願望を表すときに使う動詞なのに、dire を伴うと「意味する」という客観的な意味に変身します。単純に単語の意味を知りたいときに最適です。

┃┃ 文法解説 ┃┃

Qu'est-ce que ça veut dire ?
ケ　ス　ク　サ　ヴ　ディール

疑問代名詞（何を？）　主語 助動詞　動詞の原形

ちょっと文法

主語の ça は、il に相当するので動詞の形は veut となります。助動詞として用いられているので、dire は原形のままです。

《 vouloir 》を使ってみたら

ヴロワール

Bonjour, Marie. Qu'est-ce que tu fais ?
「こんにちは、マリー。何してるの？」

Bonjour, Luc. Je fais du japonais.
「こんにちは、リュック。日本語の勉強をしてるのよ。」

Ah oui, tu me l'avais dit. Dis-moi quelques mots.
「あー、そう言ってたね。なんか言ってみて。」

Bon, alors. A-ri-ga-to.
「いいわよ、じゃあ、ア・リ・ガ・ト。」

Qu'est-ce que ça veut dire ?
「それはどういう意味？」

Ça veut dire « merci ».
「『ありがとう』という意味よ。」

《 vouloir 》のアラカルト
ヴロワール

vouloirは、後ろに直接目的語がくれば「〜を欲しい」となり、後ろに動詞の原形を伴えば「〜したい」という助動詞になります。表現を和らげるためには、je voudraisを使います。これは条件法現在という時制を用います。また、後ろに動詞の原形を伴った疑問文の形式で、相手に対して依頼の気持ちを表すことができます。

❶「〜を欲しい」

Elle veut une bague pour son anniversaire.
エル　ヴ　ユヌ　バグ　プール　ソンナニヴェルセール
「彼女は誕生日に指輪を欲しがっている。」

Je voudrais un kilo de tomates.
ジュ　ヴドレ　アン　キロ　ドゥ　トマトゥ
「トマトを1キロください。」

❷「〜したい」

Il veut partir tout de suite.
イル　ヴ　パルティール　トゥー　ドゥ スュイットゥ
「彼はすぐに出発したがっている。」

Je voudrais vous voir demain.
ジュ　ヴドレ　ヴ　ヴォワール　ドゥマン
「明日、お会いしたいのですが。」

❸「〜してくれますか？」（疑問文で）

Voulez-vous fermer la porte, s'il vous plaît ?
ヴレ　ヴ　フェルメ　ラ　ポルトゥ　スィル　ヴ　プレ
「ドアを閉めてくれますか？」

《 vouloir 》を辞書で引いてみたら

《 vouloir 》　過去分詞：voulu

直説法現在の活用	
je veux	nous voulons
tu veux	vous voulez
il veut	ils veulent
elle veut	elles veulent

他動詞

❶ ～欲しい　Elle veut une bague pour son anniversaire.「彼女は誕生日に指輪を欲しがっている。」Je voudrais un kilo de tomates.「トマトを1キロください。」

❷ ～したい　Il veut partir tout de suite.「彼はすぐに出発したがっている。」 Je voudrais vous voir demain.「明日、お会いしたいのですが。」 Je ne veux pas sortir.「でかけたくない。」

❸ ～してくれますか？（疑問文で）　Voulez-vous fermer la porte, s'il vous plaît ?「ドアを閉めてくれますか？」

❹ vouloir dire 意味する　Qu'est-ce que ça veut dire ?「それはどういう意味？」― Ça veut dire « merci ».「『ありがとう』という意味よ。」

動詞　練習問題②

On va essayer !
オン　ヴァ　エセイエ

さぁ、やってみましょう！

CD 62

では、いままで学んだ言い回しを復習してみましょう。次の6つのイラストの吹き出しにふさわしいフランス語を a ～ f のなかから選んでください。

1)

2)

3)

4)

5)

6)

a On me prend souvent pour ma sœur. （p.71参照）

「よく姉と間違えられます。」

b Passe-moi le sel. （p.63参照）

「お塩、取って。」

c Tu me manques beaucoup. （p.55参照）

「きみがいなくてすごくさびしいんだよ。」

d Ça tombe mal. Marie vient de sortir. （p.79参照）

「タイミングが悪かったわ。マリーは、でかけたところよ。」

e On verra bien. （p.87参照）

「まぁ、様子を見てみましょう。」

f Je trouve ce manga très intéressant. （p.83参照）

「このマンガ、すごくおもしろいと思うわ。」

解答　1)－b　2)－a　3)－c　4)－e　5)－f　6)－d

動詞の辞書の引き方

　L'approche des 動詞の章の各課の最後のページの〈辞書で引いてみたら〉で、一般的な仏和辞典のページのレイアウトをお見せしましたが、ここでは実際に辞書を参考にされるときの簡単なアドバイスをいくつか紹介しましょう。

- 他動 あるいはv.t.は他動詞を表し、自動 あるいはv.i.は自動詞を表します。
- 動詞の見出しは必ず原形で示されています。発音表記の右側の数字は、活用番号（aller［ale アレ］14 ）です。活用形は、その番号に従って巻末の動詞活用表で確認します。動詞活用表には規則動詞も不規則動詞もそれぞれその代表の動詞の活用形が掲載されています。
- 不規則な形の過去分詞は、活用番号の右側に示されています。また、動詞活用表では、現在分詞および過去分詞は原形の下に記載されています。
- 複合過去などの複合時制で使用する助動詞の区別は、意味解説の直前に［助動詞はêtre］あるいは［助動詞はavoir］のように示されます。そのような示唆がない場合は、avoirを助動詞に用いる動詞です。（代名動詞の複合時制での助動詞：être）
- 代名動詞は、まず再帰代名詞se（s'）を除いた動詞部分で探します。そして、その動詞の代名動詞の項（代動 ）を参照してください。

注：ここでの辞書とは紙の辞書のことです。

L'approche des 名詞

ラプロッシュ　　デ

次は、名詞へのアプローチです。基本の名詞を集めて、一味違った意味やその思いがけない言い回しを紹介します。

注：それぞれの名詞の見出しでは、男・女両方の性を持つ名詞の場合はその女性形も示し、また特殊な複数形を持つ名詞の場合はその複数形も示してあります。

bête / bouchon

Approche de : アプロシュ ドゥ **« bête »** ベットゥ **/ « bouchon »** ブッション

CD 63

b

ラ ベル エ ラ ベットゥ
La Belle et la Bête
「美女と野獣」

ヌ フェ パ ラ ベットゥ
Ne fais pas la bête !
「バカなこと、し（言わ）ないでよ！」

ブッション ドゥ リエージュ
bouchon de liège
「コルク栓」

ズュットゥ イリヤ デ ブッション
Zut ! Il y a des bouchons.
「ちぇっ！ 渋滞だよ。」

bête 女性名詞
— （人間以外の）動物、けだもの、やつ、ばか　　　［英語のanimal］

　　La Belle et la Bête「美女と野獣」は、ディズニー映画で有名ですね。原作は、フランスのおとぎ話です。そのbête「野獣」という名詞が話しことばでは、人間に対して「やつ」とか「ばか」という意味で使われます。例えば、C'est une bonne bête.「あいつはちょっと抜けてるけどいいやつだ。」やGrosse bête！「おばかさん！」のように、親愛の気持ちを表します。また、左の例文の動詞faireとの成句のfaire la bêteは「ばかなことをする（言う）」という意味になります。

bouchon 男性名詞
— （差し込んで閉める）栓、交通渋滞　　　［英語のstopper］

　　bouchon de liège「コルク栓」の「栓」という意味から「交通渋滞」は想像できますね。ちなみに「栓をする」という動詞はboucherと言います。他に、交通渋滞を表すことばにembouteillage［男性名詞］があります。実は、このことばにも「ワインの瓶詰め作業」という意味があります。交通渋滞とワインがつながるなんていかにもフランスらしいですね。

Approche de : « bruit »/« bureau »
アプロシュ ドゥ　　ブリュイ　　　　　ビュロ

J'entends du bruit.
ジャンタン　デュ　ブリュイ
「何か物音が聞こえるわ。」

Ce n'est qu'un bruit.
ス　ネ　カン　ブリュイ
「うわさに過ぎないよ。」

Il est assis à son bureau.
イレタスィ　ア　ソン　ビュロ
「彼は机に向かっ（仕事をし）ている。」

Il travaille dans un bureau.
イル　トラヴァイユ　ダンザン　ビュロ
「彼は会社員です。」

bruit 男性名詞
ブリュイ
— 音、物音、騒音、うわさ　　　　　　　　　　[英語のnoise]

　J'entends du bruit.「何か物音が聞こえるわ。」 基本は「物音」のことをさしますが、例えば、Ne fais pas de bruit !「うるさくしないで！」のように動詞faireとともに用いると、「うるさい」あるいは「評判になる」という意味にもなります。「音」⇒「評判」⇒「うわさ」と、連想できますね。また、「うわさ」が流れたり、「うわさ」を流したりするときに使う動詞は、courir「走る」です。どこでも、「うわさ」は走るように広まるのですね。

bureau 男性名詞 / bureaux 複数形
ピュロ　　　　　　　　　　　ピュロ
— 事務机、事務所、会社　　　　　　　　　　[英語のdesk]

　はじめにbureauの意味は「机」であると習います。するとtable「机」との違いはなんだろうという疑問が浮かびますね。bureauは、事務や勉強をするための机のことです。フランス人が会社に行くときに、Je vais au bureau.とよく言いますが、それは「私は机に行く。」という意味ではなく、正しくは「私は会社に行く。」ということです。また、「会社員である」と言いたいときには、左の例文のようにtravailler dans un bureau「ある会社で働いている」という表現を用います。

cafard / campagne

Approche de : « cafard »/« campagne »
アプロシュ ドゥ　　カファール　　　　カンバーニュ

CD 65

Je n'aime pas les cafards.
ジュ　ネム　パ　レ　カファール
「ゴキブリは好きではありません。」

Ça me donne le cafard.
サ　ム　ドヌ　ル　カファール
「それを考えると気がめいるよ。」

J'aimerais vivre à la campagne.
ジェムレ　ヴィヴル　ア　ラ　カンバーニュ
「田舎で暮らしたいわ。」

La campagne électorale est ouverte.
ラ　カンバーニュ　エレクトラル　エトゥヴェルトゥ
「選挙運動が始まった。」

L'élection

102　L'approche des 名詞　cafard / campagne

cafard　男性名詞
― ゴキブリ、憂鬱　　　　　　　　　　　　［英語のcockroach］

　フランスではあまりゴキブリを見かけることはありません。日本では嫌われ者の「ゴキブリ」。その「ゴキブリ」という単語を使って「気がめいる」や「落ち込んでいる」という表現になるとは本当に驚きました。例えば、動詞avoirを用いて、Luc est parti et elle a le cafard.「リュックが行っちゃって、彼女は落ち込んでるんだ。」というフレーズの後半を「彼女はゴキブリを持っている。」と訳してしまったら大変ですね。

campagne　女性名詞
― 田舎、キャンペーン、組織的活動　　　　　　［英語のcountry］

　最近ではパン屋さんでpain de campagneをよく見かけるようになりました。大きな丸形パンの「田舎パン」のことです。On va à la campagne ?「田舎に行こうか？」と誘われたら、頭のなかには、アルプスの少女ハイジが出てきそうなのんびりとした田園風景が浮かびます。そんな印象を与えるcampagneという単語が、それとは正反対の「組織的活動」や「軍事行動」という意味でも使われます。語源であるラテン語campus「野原」から両方の意味が生まれたようです。（「野原」⇒「田舎」／「野原」⇒「戦場」⇒「軍事行動」）

chat / chef

Approche de : « chat »/« chef »
アプロシュ ドゥ　　　シャ　　　　　シェフ

J'aime les chats. 「猫が好きです。」
ジェム　レ　シャ

Il fait une toilette de chat.
イル　フェ　ユヌ　トワレットゥ　ドゥ　シャ
「彼はさっと身づくろいをする。」

C'est un grand chef.
セタン　グラン　シェフ
「彼は腕のいい料理長だ。」

Le président de la République est le chef de l'État.
ル　プレズィダン　ドゥ　ラ　レピュブリック
エル　シェフ　ドゥ　レタ
「共和国大統領は国家の元首である。」

chat 男性名詞 / chatte 女性名詞
— 猫、(愛称として) おまえ、かわいい人　　　　[英語のcat]

　chatは、動物の「猫」をさします。人間にとって身近な動物ですから、chatを使うさまざまな言い回しやことわざがあります。例えば、avoir un chat dans la gorgeは、直訳すると「喉の中に猫を持つ」という意味ですが、正しくは、「声がしゃがれる」です。「鬼の居ぬ間に洗濯」は、chatを用いてQuand le chat n'est pas là, les souris dansent.「猫の居ぬ間にネズミは踊る。」となります。左の例文のように、フランスの「猫の身づくろい」は日本でいう「カラスの行水」に当たります。

chef 男性名詞
— 料理長、長、リーダー　　　　[英語のchief, head]

　「シェフ」ということば自体がすでに日本語になっています。もちろん「料理長」のことです。でも、フランス語でchefはある集団や組織の「長」のことをさします。例えば、「社長」はchef d'entreprise、駅長chef de gare、売場主任はchef de rayon、オーケストラの指揮者もchef d'orchestreです。日常的によく使われていて、Oui, chef ! と言えば、直属の上司に向かって「はい！」と答えたことになります。

Approche de : « cheval »/« chien »
アプロシュ ドゥ　シュヴァル　シヤン

ジェム　ビヤン　フェール　デュ　シュヴァル
J'aime bien faire du cheval.
「私は馬に乗るのが好きです。」

イラ　ユヌ　フィエーヴル　ドゥ　シュヴァル
Il a une fièvre de cheval.
「彼はひどい高熱だ。」

ジェム　レ　シヤン
J'aime les chiens.　「犬が好きです。」

ケル　タン　ドゥ　シヤン
Quel temps de chien !
「なんてひどい天気だ！」

cheval / chien

cheval 男性名詞 / chevaux 複数形
（シュヴァル）　　　　　　　　　（シュヴォー）

— 馬、馬肉、乗馬、馬力　　　　　　　　　　　　　　［英語のhorse］

　chevalは、動物の「馬」をさします。昔から人間生活に役立っていた動物です。馬車など移動手段として活躍していたからでしょう。自動車の「馬力」のこともいいます。左の例文のように、前置詞のdeを伴ったde cheval（ドゥ シュヴァル）という熟語で、「激しい」や「猛烈な」と形容詞的に使われるのは、「馬力がある」というイメージを思わせますね。かつて人気のあったフランス自動車のシトロエン2CV（ドゥーシューヴォ）やルノー4CV（カトルシューヴォ シューヴォ）のCVは、このchevaux（シュヴォー）（複数形）の略です。

chien 男性名詞 / chienne 女性名詞
（シヤン）　　　　　　　　（シエンヌ）

— 犬　　　　　　　　　　　　　　　　　　　　　　［英語のdog］

　chienは、動物の「犬」をさします。愛犬家が多いフランス人にとって、犬は友人や家族と同じ存在のはずなのですが、このchien（シヤン）を使う表現では、悪い意味ばかり目立ちます。comme un chien（コム アン シヤン）は、単純に「犬のように」ではなく、「ひどく」、「惨めに」という副詞として使われます。また、Nom d'un chien !（ノン ダン シヤン）で、「畜生！（ちくしょう）」と罵しる（ののし）ことばになります。直訳では、ただ単に「ある犬の名前」と言っているだけなのに。左の例文のように前置詞のde（ドゥ）を伴ってde chien（ドゥ シヤン）という熟語で「ひどい」、「惨めな」と形容詞的によく用いられます。

Approche de : « devoir »/« feu »

Je n'ai fait que mon devoir.
「私は自分の義務を果たしただけです。」

Tu as fini tes devoirs ?
「宿題、終わったの？」

Au feu ! 「火事だ！」

Le feu est rouge.
「信号は赤です。」

devoir　男性名詞
── 義務、努め、宿題、課題　　　　　　　　　　［英語の duty］

　devoirは、主に道徳的あるいは慣習的な「義務」のことをいいます。例えば、C'est un homme de devoir.「彼は義務感の強い人だ。」やIl a le sens du devoir.「彼には責任感があります。」というような表現があります。いずれも、自分のなすべき責任と義務を表しています。そのように考えれば、学校の「宿題」をさすこともうなずけます。ただし、「宿題」や「課題」として用いるときには基本的に複数形です。

feu　男性名詞
── 火、火事、暖炉、信号、情熱　　　　　　　　［英語の fire］

　feuは、一般的に「火」全体をさします。調理や暖炉の「火」など生活に欠かせないfeuです。そのためさまざまな表現があります。例えば、Il n'y a pas de fumée sans feu.「火のないところに煙はたたない。」ということわざは日本にも通じますね。同じく生活に必要な「信号」のこともさします。通りすがりのご婦人に道を尋ねたときに、Tournez à gauche au feu.「信号を左に曲がりなさい。」と言われ、feuが「信号」に結びつかず立ち往生してしまったことがありました。ちなみに「赤」はrougeで、「黄」はorangeで、「青」はvertです。

Approche de : « forme » / « lapin »

アプロシュ ドゥ　　　　フォルム　　　　ラパン

セテュヌ　　タブル　ドゥ　　フォルモヴァル
C'est une table de forme ovale.
「これは楕円形のテーブルです。」

ジュ　スュイ　アン　プレヌ　　フォルム
Je suis en pleine forme.
「私は元気いっぱい（絶好調）です。」

ジェム　レ　ラパン
J'aime les lapins.
「ウサギが好きです。」

エル　マ　アンコール　ポゼ　アン　ラパン
Elle m'a encore posé un lapin !
「彼女はまた私と会う約束をすっぽかした！」

forme 女性名詞
― 形、形態、形式、体調　　　　　　　　　　[英語のform]

　formeは、単純にものの「形状」をさすときに使います。また、forme de gouvernement「政治形態」のように、ものの「あり方」も示します。あるとき、友人にÇa va bien ?「元気ですか？」と尋ねたら、Je suis en forme.「絶好調だよ。」と、彼はニコニコしながら答えました。頭のなかに「私は形のなかにいる」という訳しか浮かんでこなくて戸惑ったことがあります。〈元気な状態〉のことをさしていたのですね。それ以来、このen formeを好んで使うようになりました。

lapin 男性名詞 / lapine 女性名詞
― ウサギ、ウサギの肉　　　　　　　　　　[英語のrabbit]

　lapinは、動物の「ウサギ」をさします。日本の自動車メーカーのスズキがlapinという車を出していますね。一般的なウサギのイメージは速く走るかわいい動物です。lapinを使った表現も、courir comme un lapin「脱兎のごとく逃げる」やmon petit lapin「（親愛をこめた呼びかけの）ねぇ、きみ」など、順当なものばかりです。しかし、左の例文の「約束をすっぽかす」という意味でlapinを用いるのには驚きました。直訳すると、「彼女はまた私のところにウサギを1羽置いた。」となります。

Approche de : « loup »/« main »

Le loup se nourrit de viande.
「オオカミは肉食である。」

Il est connu comme le loup blanc.
「彼は有名人だ。」（白いオオカミは目立つことから）

Lave-toi les mains avant de dîner.
「夕食を食べる前に手を洗いなさい。」

Il a demandé la main de Léa à ses parents.
「彼はレアとの結婚を彼女の両親に申し込んだ。」

loup 男性名詞 / louve 女性名詞
— オオカミ（狼）、オオカミの皮、野心家　　　［英語のwolf］

　loupは、動物の「オオカミ」のことです。一般的には怖いイメージの「オオカミ」なのですが、このloupを使う言い回しが意外に多いです。例えば、Quand on parle du loup, on en voit la queue.「うわさをすれば影（オオカミの話をしていると尻尾が見える）。」やLa faim fait sortir le loup du bois.「背に腹はかえられぬ（空腹はオオカミを森から出させる）。」などのことわざです。他にもまだまだあります。オオカミはフランス人にとって意外に身近な存在なのですね。

main 女性名詞
— 手、働き、手腕、（女性による）結婚の承諾　　　［英語のhand］

　mainは、いわゆる「手」のことをさします。serrer la main「握手する」、prêter la main「手を貸す」、On reconnaît la main de Picasso dans ce tableau.「この絵にはピカソの独特の筆づかいが見てとれる。」など、「手」に関する表現はたくさんあります。衣類にfait à la mainという表示を見たことがありませんか？「手製」という意味です。さて、左の例文は古風なプロポーズです。承諾する場合はdonner sa mainという表現を使います。女性の「手」を結婚の承諾に例えるとは、さすが騎士道の国フランス。

Approche de : « maison »/« monde »

アプロシュ ドゥ　　　　メゾン　　　　　モンドゥ

イラビットゥ　　ダンズュヌ　　メゾン　　アン　　バンリユー
Il habite dans une maison en banlieue.
「彼は郊外の一軒家に住んでいます。」

ジュ　　トラヴァイユ　　　ダンズュヌ　　　　　メゾン
Je travaille dans une maison
デディスィヨン
d'édition.
「私は出版会社で働いています。」

エル　フェ　ル　トゥール　デュ　モンドゥ　アン　バトー
Elle fait le tour du monde en bateau.
「彼女は船で世界一周をする。」

トゥー　　ル　　　モンデ　　ラ
Tout le monde est là ?
「みんな、いますか？」

maison 女性名詞
― （一戸建ての）家、自宅、会社　　　　　[英語のhouse]

maisonは、一般的に「一戸建ての家」や「自宅」のことをさします。『めぞん一刻』というマンガは有名ですね。日本ではマンションの名称などでメゾンを用いるケースをよく見かけますが、実は「一戸建ての家」のことなのです。レストランのメニューなどでtarte maison「自家製タルト」を見かけたら、それは形容詞として「当店特製の」を意味しています。ここまでは「家」から連想できますが、警察官が自分の職場である警察署のことをmaisonと言ったときには、驚きました。

monde 男性名詞
― 世界、世の中、社交界、人々　　　　　[英語のworld]

mondeは、「世界」という意味を初めに習います。Il est connu dans le monde entier.「彼は世界中で知られている。」というように地球のことをさす「世界」です。他にも「世の中」や「（集合的に）人々」のこともいいます。よく使われる熟語のtout le mondeをうっかり「全世界」と訳して大失敗をしたことがあります。正しくは、「みんな（＝すべての人々）」です。それ以来、monde＝「人々」の方が多いケースであることに気がつきました。訳語は「みんな」ですが単数扱いなので、主語として使う場合の動詞の活用形はilのときと同じです。

Approche de : « pomme »/« pot »
アプロシュ ドゥ ポム ポ

Je prends une tarte aux pommes.
ジュ プラン ユヌ タルトゥ オ ポム
「リンゴタルトを食べます。」

Je prends un steak avec des pommes frites.
ジュ プラン アン ステック アヴェック デ ポム フリットゥ
「フライドポテト添えステーキにします。」

Elle a acheté un pot de confiture de fraises.
エラ アシュテ アン ポ ドゥ コンフィテュール ドゥ フレーズ
「彼女はイチゴジャムを一瓶買いました。」

On va prendre un pot ?
オン ヴァ プランドラン ポ
「一杯飲みに行こうか？」

pomme（ボム）女性名詞
— リンゴ、（料理名として）ジャガイモ　　[英語のapple]

pomme（ボム）は、果物の「リンゴ」のことです。ところが、pomme（ボム）de terre（ドゥ テール）と後ろにde terre（ドゥ テール）「土の」がつくと「ジャガイモ」という意味になります。pomme（ボム）単独でも「ジャガイモ」のことをさしますので、リンゴとはっきりさせたいときはpommes-fruits（ボム フリュイ）と言いましょう。ちなみに左の例文のsteak avec des pommes（ステック アヴェック デ ボム）frites（フリットゥ）「フライドポテト添えステーキ」は、フランス人が好む料理の1つです。他にもフランス語の「リンゴ」が変身する例を紹介しましょう。pomme d'Adam（ボム ダダム）「のど仏」とpomme de pin（ボム ドゥ パン）「松ぼっくり」の2つです。

pot（ポ）男性名詞
— 瓶、壺、植木鉢、（飲み物の）一杯　　[英語のpot]

pot（ポ）は、家庭で食品などを入れるための容器である「壺」や「瓶」のことをさします。例えば、食卓の上の「水差し」はpot à eau（ポ ア オ）で、「ミルク入れ」はpot à lait（ポ ア レ）です。まさか、左の例文のようにお酒の「一杯」という意味でpot（ポ）が使われるとは思いませんでした。同じようにお酒を飲みに誘うときに、verre（ヴェール）「（ガラスの）グラス」を使って、On va prendre un verre ?（オン ヴァ プランドル アン ヴェール）とも言います。こちらの方が「一杯」をすぐに連想できますね。

Approche de : « raison »/« tête »

アプロシュ ドゥ レゾン テットゥ

ケレ ラ レゾン ドゥ ラプサンス ドゥ
Quelle est la raison de l'absence de
フランソワ
François ?
「フランソワの欠席の理由は何ですか？」

ヴザヴェ レゾン
Vous avez raison.
「あなたのおっしゃる通りです（あなたは正しい）。」

ジェ マラ ラ テットゥ
J'ai mal à la tête. 「頭が痛いです。」

イル ヌ シャンジュ ジャメ ダヴィ
Il ne change jamais d'avis.
ケル テットゥ
Quelle tête !
「彼は決して意見を変えない。なんて頑固者なんだ！」

raison　女性名詞
（レゾン）
— 理由、理性、（言動・判断の）正しさ　　　　[英語のreason]

　raison は、基本的に「理由」や「理性」という意味で使います。レーゾンデートルということばは、すでに日本語になっていますね。もとはフランス語の raison d'être「存在理由」なのです。何やら難しそうな名詞ですが、実は日常生活でよく使われます。動詞の avoir とともに avoir raison で、「（言っていることが）正しい」という意味になります。Vous avez raison. と言われたら、「あなたは正しい。」ということです。「あなたは理性がある。」と直訳しないでくださいね。

tête　女性名詞
（テットゥ）
— 頭、顔つき、指導者、頑固者　　　　[英語のhead]

　tête は、基本的に人間の身体の一部である「頭部」のことをさします。この tête を使ったさまざまな日常的な表現があります。例えば、une drôle de tête「変な顔」やことわざの Autant de têtes, autant d'avis.「十人十色。」などです。直訳で「大きな頭」という意味の grosse tête は、使い方によって、ニュアンスが変わります。C'est une grosse tête. なら「この人は頭の切れる人だ。」で、Il a la grosse tête. では「彼は自惚れている。」となります。

Approche de : « tour »/« vie »
アプロシュ ドゥ　　トゥール　　ヴィ

ジェ　ヴィズィテ　ラ　　トゥーレフェル　　　イエール
J'ai visité la tour Eiffel hier.
「昨日、エッフェル塔を見学しました。」

セ　　トン　　トゥール　　　　レナ
C'est ton tour, Léna.
「あなたの番よ、レナ。」

セ　ラ　ヴィ
C'est la vie.
「それが人生というものよ（＝しかたないわ）。」

ラ　ヴィ　エ　　シェーラ　　トキョ
La vie est chère à Tokyo.
「東京の物価は高いです。」

tour（トゥール）

女性名詞 ― 塔、タワー、高層ビル　　　　　　[英語のtower]
男性名詞 ― 一周、回転。周囲、順番　　　　　　[英語のturn]

　tour（トゥール）は、女性名詞の場合には、主に「塔」のことをさします。la tour Eiffel（ラ トゥーレフェル）「エッフェル塔」は有名ですよね。しかし、同じスペルなのに、男性名詞の場合は、「一周」や「順番」という意味になります。C'est votre tour.（セ ヴォートル トゥール）と言われた場合、tour（トゥール）が男性名詞なら「あなたの順番です。」で、女性名詞なら「あなたの塔です。」ということになります。

vie（ヴィ）　女性名詞
― 生命、人生、生活、物価　　　　　　　　　　[英語のlife]

　vie（ヴィ）は、「生命」、「人生」などの意味を持ちます。人間の生に関する名詞なので、さまざまな表現があります。フランス人がよく口にするC'est la vie.（セ ラ ヴィ）「しかたない。」や職業を尋ねるときのQu'est-ce que vous faites dans la vie ?（ケ スク ヴ フェットゥ ダン ラ ヴィ）「ご職業はなんですか？」などです。フランス人に東京の一般的なマンションの家賃を教えたら、Que la vie est chère à Tokyo !（ク ラ ヴィ エ シェーラ トキョ）と言われました。「人生」が高い、それとも「命」が高いと言ったのか。いえいえ、彼女は「なんて東京の物価は高いの！」と驚いていたわけです。考えてみれば、「物価」も人間の生に関係していますね。

名詞　練習問題

On va essayer !
(オン ヴァ エセイエ)

さぁ、やってみましょう！

では、いままで学んだ言い回しを復習してみましょう。次の6つのイラストの吹き出しにふさわしいフランス語を a ～ f のなかから選んでください。

1)

2)

3)

4)

5)

6)

|a| La campagne électorale est ouverte. （p.102参照）

　ラ　カンパーニュ　エレクトラル　エトゥヴェルトゥ

「選挙運動が始まった。」

|b| Ça me donne le cafard. （p.102参照）

　サ　ム　ドヌ　ル　カファール

「それを考えると気がめいるよ。」

|c| Il y a des bouchons. （p.98参照）

　イリヤ　デ　ブッション

「交通渋滞だよ。」

|d| Quel temps de chien ! （p.106参照）

　ケル　タン　ドゥ　シヤン

「なんてひどい天気だ！」

|e| Je suis en pleine forme. （p.110参照）

　ジュ　スュイ　アン　プレヌ　フォルム

「私は元気いっぱいです。」

|f| Ne fais pas la bête ! （p.98参照）

　ヌ　フェ　パ　ラ　ベットゥ

「バカなこと、しないでよ！」

解答　1）－c　2）－b　3）－f　4）－e　5）－a　6）－d

名詞／形容詞の辞書の引き方

　L'approche des 名詞(ラプロッシュ デ)の章の各項の右ページで、一般的な仏和辞典での名詞の主な意味と用例などを簡単にお見せしましたが、実際に辞書を参考にされるときのアドバイスをいくつか紹介しましょう。

・ 名 男 あるいはn.m.は男性名詞を、 名 女 あるいはn.f.は女性名詞を表します。 名 あるいはn.と明記してある場合は、男性名詞・女性名詞両方で用いるものです。常に原形は男性名詞で、見出し右側にその女性名詞の作り方が示されています。（女性形の作り方の原則：男性形（原形）＋e）
・ 特殊な複数形の作り方も見出し右側に示されています。（複数形の作り方の原則：単数形＋s）

　次のL'approche des 形容詞(ラプロッシュ デ)の章の各項の右ページで、一般的な仏和辞典での形容詞の主な意味と用例などを簡単にお見せしますが、実際に辞書を参考にされるときのアドバイスを前もっていくつか紹介します。

・ 形容詞は、 形 あるいは a.で表されます。
・ 形容詞の見出しは、原形で示されます。原形は常に男性単数形です。見出し右側にその女性形の作り方が示されています。（女性形の作り方の原則：男性形（原形）＋e）
・ 特殊な複数形の作り方も見出し右側に示されています。（複数形の作り方の原則：単数形＋s）

注：ここでの辞書とは、紙の辞書のことです。

L'approche des
ラプロッシュ　デ
形容詞

最後は、形容詞へのアプローチです。この章では、形容詞の用法を復習してから、意外な形容詞の使い方を紹介します。

注：それぞれの形容詞の見出しには、男性形と女性形の両方を示してあります。

L'approche des 形容詞
ラプロッシュ　デ

● 形容詞の基本ルールをおさらいしましょう ●

　この章では、まず形容詞について少し復習しましょう。名詞を修飾して、その名詞の状態や性質などを説明する役割を持つのが形容詞です。そして、形容詞は関係する名詞の性・数に一致させなければなりません。少々やっかいな作業ですが、慣れてくると論理的にフランス語を理解できるようになって、この整合作業がだんだんとおもしろくなってきます。パズルを解くように楽しみましょう。

　形容詞の原形は、常に男性形です。辞書で調べるときには、原形で引いてください。女性形の作り方の原則は、原形の語尾にeをつけます。原形の語尾がeのものは無変化です。その他の例外もありますので、この章では見出しの形容詞は男性形と女性形の両方を示します。

原形（男性形） ＋ e → 女性形

vert（原形）「緑色の」
ヴェール

	男性形	女性形
単数形	ヴェール vert	ヴェルトゥ verte
複数形	ヴェール verts	ヴェルトゥ vertes

　また、複数形の作り方の原則は、単数形の語尾にsをつけます。このsは発音しません。単数形の語尾がsあるいはxのものは無変化です。複数形の作り方にも例外があります。

単数形 ＋ s → 複数形

● 名詞の前に位置する形容詞（原形）一覧表 ●

bon「よい」 mauvais「悪い」 petit「小さい」 grand「大きい」 jeune「若い」
ボン　　　　モヴェ　　　　　プティ　　　　　グラン　　　　　ジュヌ
joli「かわいい」 beau「美しい」 vieux「年取った」 nouveau「新しい」 など
ジョリ　　　　　ボ　　　　　　ヴィユ　　　　　　ヌーヴォー

さて、形容詞には２つの用法があります。
　まず、être（エートル）とともに使う用法です。主語＝形容詞となるように、être（エートル）の後ろに形容詞を置いて主語の状態や性質などを表します。形容詞は主語の性・数に一致させます。

$$\boxed{主語} \quad \overset{エートル}{=} \overset{être}{} \quad \boxed{形容詞}$$

Ce sac est vert.「このバッグは緑です。」
（ス　サック　エ　ヴェール）
男性単数　男性単数形

Cette robe est verte.「このワンピースは緑です。」
（セットゥ　ロブ　エ　ヴェルトゥ）
女性単数　女性単数形

　次に名詞グループとして名詞とともに使う用法です。形容詞は名詞の状態や性質などを表します。名詞の性・数に一致させます。原則として形容詞は名詞の後ろに置きます。しかし、日常よく使われるいくつかの短い形容詞は名詞の前に置きます。（P.126一覧表参照）

un sac vert「緑色のバッグ」／ une robe verte「緑色のワンピース」
（アン　サック　ヴェール）　　　（ユヌ　ロブ　ヴェルトゥ）
　名詞　形容詞　　　　　　　　　名詞　形容詞

un joli sac「かわいいバッグ」／ une jolie robe「かわいいワンピース」
（アン　ジョリ　サック）　　　　（ユヌ　ジョリ　ロブ）
　形容詞　名詞　　　　　　　　　形容詞　名詞

　形容詞の使い方をマスターすることは、フランス語学習の要（かなめ）のひとつです。基本項目のみでしたが、形容詞の文法ルールをおさらいできたと思います。では、L'approche des（ラプロッシュ　デ）形容詞を始めましょう。

aimable / ancien

Approche de : « aimable »/« ancien »
アプロシュ ドゥ　　エマーブル　　　アンスィアン

CD 76

a

エレテマーブル
Elle est aimable.　「彼女は愛想がいい。」

ジュ　ヴ　　　ルメルスィ
Je vous remercie,
ヴゼットゥ　　　　　トレゼマーブル
vous êtes très aimable.
「ご親切にどうも
ありがとうございます。」

セテュヌ　　　トラディスィヨン　　　　トレザンスィエヌ
C'est une tradition très ancienne.
「それは古くからの伝統です。」

エラ　　　ランコントレ　　　　ソナンスィアン
Elle a rencontré son ancien
マリ
mari.
「彼女は前の夫と出会った。」

128　L'approche des 形容詞　aimable / ancien

エマーブル
aimable （男女同形）
― やさしい、愛想のいい　　　　　　　　　　　　　［英語のkind］

　　　　エマーブル　　　　　　　アヴェック　　プール
　aimableは、前置詞のavecやpourなどを伴って、言動・表情・態度がやさしかったり、感じがよかったりするときに使います。
エレテマーブル　　アヴェック　トゥ　ル　モンドゥ
Elle est aimable avec tout le monde.「彼女はみんなに愛想がいい。」そして「親切な」という意味合いの延長で、左の例文のような儀礼的表現として深い感謝の気持ちを表すことができます。

アンスィアン　　　アンスィエヌ
ancien / ancienne
― 古くからある、古い、以前の　　　　　　　　　　［英語のold］

　　　アンスィアン
　ancienは、名詞の後ろに位置する場合と前に位置する場合とで、意味が変わってきます。名詞の後ろに置く例をさらに挙げれ
　　　ヌザヴォン　　アシュテ　デ　　ムーブル　　アンスィアン
ば、Nous avons acheté des meubles anciens.「私たちは骨董品の家具を買いました。」という感じです。やはり「古い」
　　　　　　　　　　　アンスィアン
イメージですが、ancienを名詞の前に置いた場合、「かつての」「元の」という意味に変わります。そのような違いをよく表している例を紹介しましょう。un ami ancien「旧友」(昔からの友人)
アナンスィアンナミ
/ un ancien ami「かつての友人」(今は友人ではない)

bon / chaud

Approche de : « bon »/« chaud »
アプロシュ ドゥ　　　ボン　　　ショ

CD 77

セタン　　ボン　　　ディクショネール
C'est un bon dictionnaire.
「これはよい辞書です。」

ジュ　レ　　アタンデュ　　ユヌ　　　ボヌール
Je l'ai attendue une bonne heure.
「彼女のこと、たっぷり1時間は待ったよ。」

コミル　フェ　　ショ　　　オジュルデュイ
Comme il fait chaud aujourd'hui !
「今日はなんて暑いんだ！」

エル　　　ポルタン　　ピュル　　ショ
Elle porte un pull chaud.
「彼女は暖かいセーターを着ている。」

130　L'approche des 形容詞　bon / chaud

bon / bonne
<ruby>bon<rt>ボン</rt></ruby> / <ruby>bonne<rt>ボヌ</rt></ruby>
― よい、すぐれた、おいしい、たっぷりの　　　　[英語のgood]

　<ruby>bon<rt>ボン</rt></ruby>は、よく使われる形容詞です。少し例を挙げてみましょう。<ruby>Elle<rt>エレ</rt></ruby> est <ruby>bonne<rt>ボヌ</rt></ruby> <ruby>en<rt>アン</rt></ruby> <ruby>français.<rt>フランセ</rt></ruby>「彼女はフランス語が得意だ。」<ruby>C'est<rt>セ</rt></ruby> <ruby>bon<rt>ボン</rt></ruby>！「おいしい！」　<ruby>Bon<rt>ボン</rt></ruby> <ruby>voyage<rt>ヴォワヤージュ</rt></ruby>！「よいご旅行を！」<ruby>Bonne année<rt>ボナネ</rt></ruby>！「新年おめでとう！」などです。しかし、<ruby>bon<rt>ボン</rt></ruby>が数・量がたっぷりあることを表すなんてなかなか思いつきませんね。

chaud / chaude
<ruby>chaud<rt>ショ</rt></ruby> / <ruby>chaude<rt>ショドゥ</rt></ruby>
― 暑い、熱い、（衣類などが）暖かい　　　　　　[英語のhot]

　<ruby>chaud<rt>ショ</rt></ruby>は、「暑い」と感じるときや気候が「暑い」ときに使われる形容詞です。動詞<ruby>avoir<rt>アヴォワール</rt></ruby>を使って<ruby>J'ai<rt>ジェ</rt></ruby> <ruby>chaud.<rt>ショ</rt></ruby>で、「私は暑い。」と言います。気候を表すには、非人称構文で<ruby>Il<rt>イル</rt></ruby> <ruby>fait<rt>フェ</rt></ruby> <ruby>chaud.<rt>ショ</rt></ruby>「暑いです。」となります。<ruby>Attention,<rt>アタンスィヨン</rt></ruby> <ruby>l'eau<rt>ロ</rt></ruby> <ruby>est<rt>エ</rt></ruby> <ruby>très<rt>トレ</rt></ruby> <ruby>chaude.<rt>ショドゥ</rt></ruby>「気をつけて、お湯はとても熱いよ。」のように飲食物が「熱い」ときなどにも使います。<ruby>un<rt>アン</rt></ruby> <ruby>vêtement<rt>ヴェトゥマン</rt></ruby> <ruby>chaud<rt>ショ</rt></ruby>と言われて「暑い衣服」がどんな衣服かと考え込んでいたら、ダウンジャケットを渡されたことがありました。防寒用の衣類のことをさしていたのですね。

Approche de : « cher » / « dernier »

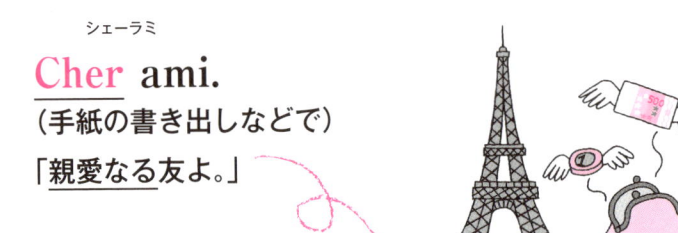

Cher ami.
（手紙の書き出しなどで）
「親愛なる友よ。」

La vie est chère à Paris.
「パリの物価は高いです。」

J'ai vu Léna la semaine dernière.
「先週、レナに会いました。」

J'ai manqué le dernier métro.
「終電に乗り遅れました。」

le dernier métro

cher / chère
― 親しい、貴重な、(値段が) 高い　　　　　　　　[英語のdear]

cherは、chère Marie「親愛なるマリー」、mes chers enfants「子どもたちよ」のような手紙の書き出しや呼びかけのときに使われます。「貴重な」という意味では、Ce souvenir m'est très cher.「この思い出は私にとってとても大切です。」のようになります。このような心情を表す意味とは打って変わって、品物の値段や物価などが「高い」という金銭的な場面でも用いられます。フランス人は買い物中にC'est cher.「これは高い。」と、よく言っています。また、「安い」を表す一語の形容詞はフランス語には存在しません。「これは安い。」は、Ce n'est pas cher.「これは高くない。」と否定文で表します。

dernier / dernière
― この前の、最近の、最後の　　　　　　　　　　[英語のlast]

dernierは、名詞の後ろに位置する場合と前に位置する場合とで、意味が違います。たいていの場合、名詞の後ろに置くdernierを先に習います。le mois dernier「先月」やl'an dernier「去年」などです。その意味ばかりに気を取られていると、C'est le dernier train.「終電です。」を「前の電車」と誤解してしまうこともあるかもしれません。どちらの意味で使われているのかを見極めないと大変ですね。

Approche de : « difficile » / « dur »

C'est une question difficile.
「これは難しい質問だ。」

Elle a un caractère difficile.
「彼女は気難しい性格だ。」

Ce bifteck est très dur.
「このビフテキはとても固い。」

Ce travail est dur pour moi.
「この仕事は私には難しいです。」

difficile / dur

difficile （男女同形）
（ディフィスィル）

— 難しい、困難な、（性格などが）気難しい　　　[英語のdifficult]

problème difficile「難しい問題」やsituation difficile「困難な状況」のようにものごとの難局を示す場合に使われますが、人や人の性格に関しては「気難しい」ことを表します。例えば、Il est difficile. と言われた場合、ilが〈もの〉なら「それは難しい。」ですが、ilが〈ある人物〉なら「彼は気難しい。」ということになります。ilが何をさしているのかが重要ですね。

dur / dure
（デュール／デュール）

— 固い、難しい、つらい、きびしい　　　[英語のhard]

durは、ゆで卵、ベッド、パンなどが「固い」ときに使います。ところが、仕事、問題などのものごとの局面を表す場合には「難しい」「つらい」という意味になります。例えば、La vie est dure.「人生は厳しい。」などです。人に関して用いるときは、「（相手に対して）厳しい」で、Jean est trop dur avec ses enfants.「ジャンは子どもたちに厳しすぎる。」という感じです。C'est dur. という一文を使えば、「これは固い。」「これはつらい。」「これは厳しい。」のように3通りのdurを表すことができます。

Approche de : « étranger »/« facile »

アプローシュ ドゥ　　エトランジェ　　　ファスィル

エル　バルル　ドゥー　ラング　エトランジェール
Elle parle deux langues étrangères.
「彼女は2つの外国語を話します。」

スィルヴァン　　　エテトランジェ　ア
Sylvain est étranger à
セッタフェール
cette affaire.
「シルヴァンはこの事件にかかわっていません。」

セテュヌ　　ケスティヨン　ファスィル
C'est une question facile.
「これは簡単な質問だ。」

エラ　アン　カラクテール　ファスィル
Elle a un caractère facile.
「彼女は気さくな性格だ。」

étranger / étrangère
— 外国の、外部の、関係のない　　　　　　　　　[英語のforeign]

étrangerは、「外国の」という意味です。J'ai beaucoup d'amis étrangers.「外国人の友人がたくさんいます。」やElle aime voyager dans les pays étrangers.「彼女は外国を旅行するのが好きです。」のように他国のことを表します。ところが、左の例文のように前置詞のàを伴って「〜に関係のない」という意味にもなります。また、Je suis étranger à l'art.「私は芸術にはうといです。」のようにも使います。「外国の」から「よその」を連想すれば、「関係のない」が結びつきますね。

facile　（男女同形）
— 簡単な、楽な、容易な、気さくな　　　　　　　[英語のeasy]

---

facileは、前に紹介したdifficile「難しい」の反対語です。travail facile「楽な仕事」やtexte facile「やさしい文章」のようにものごとの容易さを示す場合に使われます。また、人や人の性格に関しては「気さくな」ことを表します。対象を示す前置詞のavecを用いれば、Michelle est facile avec ses enfants.「ミッシェルは彼女の子どもに甘い。」という言い方もできます。

Approche de : « fort »/« gauche »

アプロシュ ドゥ　フォール　　　　ゴーシュ

イレ　プリュ　フォール　ク　モワ
Il est plus fort que moi.
「彼は私より力が強い。」

イレ　　フォール　アン　　マテマティック
Il est fort en mathématiques.
「彼は数学が得意です。」

ジャビットゥ　リヴ　ゴーシュ　ドゥ ラ　セーヌ
J'habite rive gauche de la Seine.
「私はセーヌ左岸に住んでいます。」

リュック　エ　ゴーシュ
Luc est gauche.
「リュックは不器用だ。」

fort / forte
フォール　フォルトゥ
— 強い、たくましい、強烈な、得意な　　　　　　　[英語のstrong]

　fort（フォール）は、腕っぷしが「強い」や「たくましい」など肉体的な強さを表します。また、衝撃度、影響力、耐久力など、ものごとが強力である様子も示します。そのような意味から考えれば、「能力にすぐれている＝得意である」と想像できますね。ただし、この場合は得意である分野をはっきりさせる必要があります。その分野が学科や学問ならば前置詞のen（アン）を、ゲームやスポーツならばà（ア）を用います。「私はフランス語が得意です。」は、Je suis fort (e) en français.（ジュ スュイ フォール(トゥ) アン フランセ）と言います。

gauche　（男女同形）
ゴーシュ
— 左の、不器用な　　　　　　　　　　　　　　　　[英語のleft]

　gauche（ゴーシュ）は、「左の」という意味です。身体や衣服や道や建物などそのもの自体が左右で対になっているものに使います。もちろんdroit（ドロワ）「右の」も同じです。ところが、人や動作に対して用いるときは、「不器用な」というぎこちなさを表します。宮澤賢治の有名な童話の『セロ弾きゴーシュ』の主人公の名前は、この「不器用な」のgauche（ゴーシュ）に由来するといわれています。ちなみに、droit（ドロワ）「右の」に「器用な」という意味はありません。

grand / pauvre

Approche de : « grand »/« pauvre »
アプロシュ ドゥ　　グラン　　　　　　　ポーヴル

g

C'est un <u>grand</u> homme.
セタン　グラントム
「彼は<u>偉人</u>である。」

C'est un homme <u>grand</u>.
セタンノム　　　　グラン
「彼は<u>背の高い</u>男である。」

p

Elle vient d'une famille <u>pauvre</u>.
エル　ヴィヤン　デュヌ　ファミーユ　ポーヴル
「彼女は<u>貧しい</u>家の出です。」

Ma <u>pauvre</u> fille, tu n'as vraiment pas de chance !
マ　　ポーヴル　　フィーユ　テュ　ナ　ブレマン　パ　ドゥ　シャンス
「<u>かわいそうな</u>私の娘、本当についてないわ。」

140　L'approche des 形容詞　grand / pauvre

grand / pauvre

グラン　　　　グランドゥ
grand / grande
— 大きい、背が高い、重要な、偉大な　　　　　　　[英語のbig]

　
グラン
　grandは、日常よく使われる形容詞として最初に学ぶ形容詞です。人や木が「背が高い」、サイズが「大きい」、出来事などが「重要な」、そして社会的に「偉大な」「立派な」など、さまざまな意味があります。どの意味であっても名詞とともに用いる場合は常に名詞の前に置きます。しかし、唯一、homme「男」の場合は例外です。前に置くgrand hommeは「偉人」で、左の例文のように、後ろに置くhomme grandは、「背の高い男」となります。

ポーヴル
pauvre （男女同形）
— 貧しい、貧乏な、かわいそうな　　　　　　　　[英語のpoor]

　pauvreは、名詞の後ろに位置する場合と前に位置する場合とで、まったく意味が違います。名詞の後ろに置くと、人や家庭や国などに対しては「貧しい」、内容や資源などに関しては「乏しい」という意味で使われます。例えば、Il y a des pays pauvres en Afrique.「アフリカには貧しい国がある。」やC'est un sol pauvre.「これはやせた土壌だ。」という感じです。ところが、名詞の前に置く場合は、人や動物に向かって「かわいそうな」という慈悲の気持ちを表すことになります。mon pauvre ami「（友人に向かって）かわいそうに」のように主に呼びかけで使われます。

形容詞　練習問題
On va essayer！
（オン　ヴァ　エセイエ）

さぁ、やってみましょう！

CD 83

では、いままで学んだ言い回しを復習してみましょう。次の6つのイラストの吹き出しにふさわしいフランス語を a ～ f のなかから選んでください。

[a] **Elle porte un pull chaud.** （p.130参照）
エル　ポルタン　ピュル　ショ

「彼女は暖かいセーターを着ている。」

[b] **La vie est chère à Paris.** （p.132参照）
ラ　ヴィ　エ　シューラ　パリ

「パリの物価は高いです。」

[c] **J'ai manqué le dernier métro.** （p.132参照）
ジェ　マンケ　ル　デルニエ　メトロ

「最終地下鉄に乗り遅れました。」

[d] **Il est fort en mathématiques.** （p.138参照）
イレ　フォール　アン　マテマティック

「彼は数学が得意です。」

[e] **Je vous remercie, vous êtes très aimable.** （p.128参照）
ジュ　ヴ　ルメルスィ　ヴゼットゥ　トレゼマーブル

「ご親切にどうもありがとうございます。」

[f] **Je l'ai attendue une bonne heure.** （p.130参照）
ジュ　レ　アタンデュ　ユヌ　ボヌール

「彼女のこと、たっぷり1時間は待ったよ。」

解答　1)－e　2)－a　3)－f　4)－b　5)－c　6)－d

■ 著者プロフィール

塚越敦子（つかこし　あつこ）

モンペリエ第3大学現代フランス文学研究科博士課程留学。近代フランス文学およびフランス語教育が専門。作新学院大学教授を経て、現在、慶應義塾大学、目白大学ほかで講師を務める。著書に『フランス語初歩の初歩』（高橋書店）、『イラストでわかるフランス語文法＋トレーニングブック』（ナツメ社）、『文法からマスター！　はじめてのフランス語』（ナツメ社）などがある。

フランス語　一歩先ゆく基本単語
～語彙力アップのための58のアプローチ～

2012年7月10日　第1刷発行

著　者	塚越敦子
発行者	前田俊秀
発行所	株式会社三修社

〒150-0001　東京都渋谷区神宮前2-2-22
TEL　03-3405-4511　FAX 03-3405-4522
振替　00190-9-72758
http://www.sanshusha.co.jp
編集担当　北村英治

印刷・製本　広研印刷株式会社

©2012 ATSUKO TSUKAKOSHI　Printed in Japan
ISBN978-4-384-04511-6 C1085

Ⓡ〈日本複製権センター委託出版物〉
本書を無断で複写複製（コピー）することは、著作権法上の例外を除き、禁じられています。
本書をコピーされる場合は、事前に日本複製権センター（JRRC）の許諾を受けてください。
JRRC 〈http://www.jrrc.or.jp　e-mail : info@jrrc.or.jp　電話：03-3401-2382〉